编委会

顾问：

李润田　王才安　孙培新　王文金　张秉义　关爱和　娄源功

编委会主任：

卢克平　宋纯鹏　张锁江

编委会副主任：

谭　贞　张宝明　季　波　许绍康　孙君健　孙功奇　杨朝阳
王学路　冯淑霞　傅声雷　张立新

编委会委员：(按姓氏拼音排序)

蔡　军　程遂营　丁翼虎　冯淑霞　傅声雷　洪　浩　桓战伟
姬志闯　季　波　孔令刚　李永鑫　卢克平　苗长虹　祁琛云
任东景　宋丙涛　宋纯鹏　孙功奇　孙君健　谭　贞　王鹏飞
王思琦　王性玉　王学路　武新军　席卫权　许绍康　杨朝军
杨朝阳　杨光辉　杨国安　于华龙　展　龙　张宝明　张大超
张立新　张锁江

丛书主编：

孙君健

执行主编：

展　龙　杨国安　桓战伟

副主编：

丁翼虎　孔令刚

"夷门传薪学人传"丛书

丛书主编 孙君健

执行主编 展龙 杨国安 桓占伟

夷门传薪学人传

徐盛桓

李淑静 著

河南大学出版社
HENAN UNIVERSITY PRESS
·郑州·

图书在版编目(CIP)数据

徐盛桓 / 李淑静著. --郑州:河南大学出版社,2023.4
("夷门传薪学人传"丛书 / 孙君健主编)
ISBN 978-7-5649-5438-3

Ⅰ.①徐… Ⅱ.①李… Ⅲ.①徐盛桓–传记 Ⅳ.①K825.46

中国版本图书馆 CIP 数据核字(2023)第 059758 号

夷门传薪学人传　徐盛桓
YIMEN CHUANXIN XUEREN ZHUAN　XU SHENGHUAN

责任编辑	韩　璐　聂会佳
责任校对	刘利晓
封面设计	翟淼淼
出版发行	河南大学出版社
	地址:郑州市郑东新区商务外环中华大厦 2401 号
	邮编:450046　电话:0371-86059701(营销部)
	网址:hupress.henu.edu.cn
排　版	郑州市今日文教印制有限公司
印　刷	河南瑞之光印刷股份有限公司
版　次	2023 年 4 月第 1 版　印　次　2023 年 4 月第 1 次印刷
开　本	889 mm×1194 mm 1/32　印　张　6.75
字　数	146 千字　　　　　　　定　价　32.00 元

版权所有·侵权必究
本书如有印装质量问题,请与河南大学出版社营销部联系调换。

谨以此书献给恩师徐盛桓教授

随人作计终后人,自成一家始逼真。

——黄庭坚

徐盛桓教授

述往事思来者根在夷门
（总序）

夷门，是一个比开封还古老的名字。

夷门是战国魏都城的东门，因城门修在夷山之上，故名。

夷门最早的故事与魏公子无忌有关。无忌为战国时期魏国第五任君主魏昭王的小儿子。魏昭王去世后，无忌同父异母的哥哥圉继承王位，是为安釐王。安釐王封无忌于信陵（今宁陵），是为信陵君。信陵君的第一个故事是养士辅政。其时，魏国在与秦国的对抗中，处在不利地位。信陵君仿效齐之孟尝君、赵之平原君、楚之春申君的辅政方法，养士三千，诸侯因此不敢加兵于魏十余年。七十岁的夷门看守人侯嬴与屠夫朱亥，均为信陵君礼贤下士所交好友。信陵君的第二个故事是窃符救赵。公元前257年，秦围赵都城邯郸，赵王的弟弟平原君求救于魏。魏王派晋鄙率兵十万，到达邺地。但迫于秦威，止步不前。信陵君听取侯嬴之计，窃取虎符，与朱亥前往邺地。在晋鄙对虎符有疑时，朱亥椎杀晋鄙。信陵君率兵救了赵国。侯嬴在信陵君到达邺地时，自刎于夷门。

窃符救赵的故事发生一百余年后，司马迁寻访战国争雄的史迹，来到夷门。对千金一诺、侠义热血故事颇有兴趣的司马迁，在《史记·魏公子列传》中做了上述精彩描述，扣人心弦犹如小说家言。信陵君事迹很多,司马迁只记礼士与救赵;信陵君在魏养士三千,详写的只有侯嬴与朱亥。传记的结尾,意犹未尽,作者再次称赞信陵君不耻下交的礼士精神:"吾过大梁之墟,求问其所谓夷门。夷门者,城之东门也。天下诸公子亦有喜士者矣,然信陵君之接岩穴隐者,不耻下交,有以也。名冠诸侯,不虚耳。"仁而谦恭,礼贤下士,成就大业。这是夷门叙事的第一重启示。

公元前99年,司马迁为李陵事获罪,受腐刑,因著书事业而隐忍苟活。受刑的第二年,朋友任安写信询问情况,司马迁写下了传诵千古的《报任安书》,完整描画了一个知识人最高最完美的理想:"近自托于无能之辞,网罗天下放失旧闻,考之行事,稽其成败兴坏之理,……凡百三十篇。亦欲以究天人之际,通古今之变,成一家之言。"据此话推定,《史记》已大致完成。今传《史记》有《太史公自序》,其有感于自己身世,而追述中国历史中圣贤发愤著述的传统:"昔西伯拘羑里,演《周易》;孔子厄陈、蔡,作《春秋》;屈原放逐,著《离骚》;左丘失明,厥有《国语》;孙子膑脚,而论兵法;不韦迁蜀,世传《吕览》;韩非囚秦,《说难》《孤愤》;《诗》三百篇,大抵圣贤发愤之所为作也。此人皆意有所郁结,不得通其道也,故述往事,思来者。"这种圣贤发愤著述的传统,是司马迁完成《史记》的支撑力量,也化为以立言为志的中国士人生生不息的精神资源。"究天人之际,通古今之变,成一家之言"与"述往事,思来者",共同成为读书人立言著述的最高理想。身为记述唐尧以来中国历史的史官司马迁,历史上却没有留下他本人卒年的记载。近代王国维考证,司马迁大约卒于汉武帝末年。勤奋于"述往事,思来者"之业,究天地之际,通古今之变,成一家之言,燃烧自我之身,不计身后之名。这是夷门叙事的第二重启示。

公元960年,北宋政权以开封为都城建立,从而创造了继唐代后又一个统一王朝的辉煌时代。此时距司马迁《史记》成书,已过去千年。夷门不在,夷山依旧。夷山之上,北宋皇祐元年(1049年)建起了开宝寺塔。塔体外立面均为褐色琉璃砖,浑似铁铸,民间俗称"铁塔"。1912年,铁塔南麓,建立了一所大学——河南留学欧美预备学校(今河南大学前身)。河南大学的学生均以"铁塔牌"自称。铁塔成为这所大学毕业生最早的logo(标签)。当年椎杀晋鄙的朱亥,因窃符救赵之功,被授相印,其封地原名聚仙镇,在北宋末,改称朱仙镇。岳飞抗金,取得朱仙镇大捷,也终没有挽救北宋王朝的命运。北宋的成功,在文治而不在武功。20世纪40年代,陈寅恪为邓广铭《宋史职官志考正》作序,有"华夏民族之文化,历数千载之演进,造极于赵宋之世"的称赞。一个以唐史研究见长的史学家,推重赵宋文化,绝非偶然。赵宋时期城与市合一,不需要再像《木兰辞》所言那样"东市买骏马,西市买鞍鞯"。城与市合一的开封,勾栏瓦肆林立,充满着人间烟火气。唐宋以来实行的科举制度,使寒族子弟也可以像世家子弟一样,通过个人的努力,通达社会与文化上层。读书人生气聚集之时,赵宋时期出现了士大夫阶层。士大夫具有超越特定族群、特定利益阶层的历史眼光和宽阔胸怀。祖籍大梁的北宋大儒张载不失时机提出的"为天地立心,为生民立命,为往圣继绝学,为万世开太平"的"横渠四句",成为新兴士大夫群体理想抱负的经典表达。士大夫群体的思想文化创造力活力四射，宋代理学家、史学家、文学家、音乐家、书法家、艺术家层出不穷，群星灿烂，造诣均达极高水平。宋代理学家将儒释道合一，重建儒学体系。新的儒学体系高扬道德的旗帜，以修齐治平调节士人人生期待，以伦理纲常整饬社会秩序。陈寅恪称赞欧阳修晚年所撰《五代史》的功劳在"贬斥势利，尊崇气节，遂一匡五代之浇漓，返之淳正。故天水一朝之文化，竟为我民族遗留之瑰宝。孰谓空文于治道学术无裨益耶？"五四运动过后二十余年，在抗战的炮火中，陈寅恪坚信造极于赵宋之世的华夏文化，本根未死，终必复振。理想、信念、毅力、气节，是读书人的禀赋；立心、立命、继绝学、开太平，为读书人的价值与责任。以治道学术服务国家人民，乃读书的正途与根本。这是夷门叙事的第三重启示。

北宋时期的国子监所在地位于现在的龙亭一带。明代这里辟为周王府。清初，河南贡院一度迁至辉县百泉，清顺治十六年（1659年）河南贡院在周王府旧址修建。因地势低洼积水，雍正九年（1731年）河南贡院迁至夷山南隅。1841年黄河发水，拆河南贡院房舍防洪，第二年重修，新建号舍万余间。1900年的庚子事变，北京用于国家会试的贡院被毁，河南贡院因房舍完好、交通便利，而在1903、1904年成为科举会试所在地。1905年废除科举，河南贡院就成为上千年科举制度的终结地。1912年，河南有识之士在河南贡院的校舍上创办河南留学欧美预备学校，1923年改建为中州大学，1930年易名省立河南大学。因此，从这套丛书的一个人物林伯襄1912年担任河南留学欧美预备学校的校长开始，河南大学叙事便与夷门叙事有了交集，夷门叙事所体现出的精神基因便在河南大学传承延展。与时俱进，百折不挠，在国家、民族站起来、富起来、强起来的百年沧桑中，河南大学以振兴教育、培养人才服务于民族自立、国家复兴和区域发展，成为中原大地高等教育的一棵参天大树。参天地之化，养浩然正气，育万千桃李，以教育报国。此为夷门叙事的第四重启示。

在河南大学迎来110周年校庆之际，学校编写出版"夷门传薪学人传"丛书，嘱我为序。在准备出版的二十多种学人传中，有在河南大学发展的重要节点上做出了重大贡献的主政者，绝大多数是在学校发展的不同时期在学术进步、人才培养方面成绩突出的教授。名人有言："大学者，非谓有大楼之谓也，有大师之谓也。"这些学者教授就是河南大学的大师。河南大学建立110年来，对国家、对民族的贡献，大部分是通过一代又一代心系桑梓、植根教育的千千万万教育工作者实现的，上述学者教授是千千万万教育工作者的代表。在河南大学这所百年名校中，"究天人之际，通古今之变，成一家之言"的学术创新是他们完成的；"为天地立心，为生民立命，为往圣继绝学，为万世开太平"的学术理想是他们实践的；"参天地之化，养浩然正气，育万千桃李，以教育报国"的百年辉煌是他们参与创造的。这是河南大学110年校庆要编辑出版"夷门传薪学人传"丛书的唯一理由。

有形夷门在司马迁生活的时期已经颓毁，而无形的夷门，留在司马迁的《史记》中，留在宋儒的横渠四句中，留在科举旧地与新式教育的交接中，留在河南大学生生不息的生命意志中。

在河南大学建校110年之际,河南大学的注册地移至郑州,但河南大学的办学精神,已经融入河南大学的基因与血脉之中。河南大学从留学欧美预备学校的成立,到今天的"双一流"建设,何尝不是河南有识之士与黄河儿女的"发愤"之作!国家兴亡,匹夫有责,读书人更有责。司马迁"发愤","述往事,思来者"而著"史家之绝唱,无韵之离骚";河南大学"发愤","述往事,思来者"而有发展进步的大手笔、大思路。让我们为之共同奋斗。

放眼寰宇的河南大学,根在夷门。

关爱和
2022年7月

(作者为河南大学教授、博士生导师,中国近代文学学会会长。曾任河南大学校长、党委书记。)

目　录

一　青少年时光 …………………………………（1）
二　在华南师范学院:从英美文学研究到语言学研究…（15）
三　悉尼经历 …………………………………（30）
四　三个贵人 …………………………………（102）
五　河大岁月 …………………………………（107）
六　白首"变法" ………………………………（125）
七　"80后"生活 ………………………………（131）
八　师生情 ……………………………………（139）
九　学术论文成果分析 …………………………（178）

一　青少年时光

徐盛桓于1938年7月出生于澳门。祖籍湖南岳阳,祖父是政府官员。徐盛桓的父亲在抗战前去了澳门,几年后徐盛桓出生,是7个月的早产儿。父母给他起小名"定愚",这也许是沿袭老的传统,家长给孩子起一个低调的或不好听的名字,认为这样孩子就不会引人注意,招来麻烦,名字难听,孩子就好养。另外,当时的社会动荡,时局不稳,也许父母觉得那时聪明未必是好事,"傻"一点可能更安全,平安便好。

徐盛桓的父亲做写字、画画和篆刻的营生,有一家自己的小店铺,母亲是全职太太,相夫教子。徐盛桓排行第五,是家中最小的孩子,有一个姐姐和三个哥哥。还没有上学的时候,他见到哥哥们念书,便拿哥哥的课本来读;见哥哥们练字,他也觉得非常有趣,跟着写字。他常常说自己是家里几个孩子中写字最差的那一个,因为不够用功,爱偷懒。但是从他到河南大学(下文亦可简称为河大)工作后,他的邻居赵老师多次请他写字来看,他过于自谦了。后来他想要回几幅字留作纪念,怎奈对方不肯割爱。好在他有一张送给赵老师的对联的照片,以及他自家的一幅字和他保留的为赵老师的词集书写的序,读者可以自作评判。

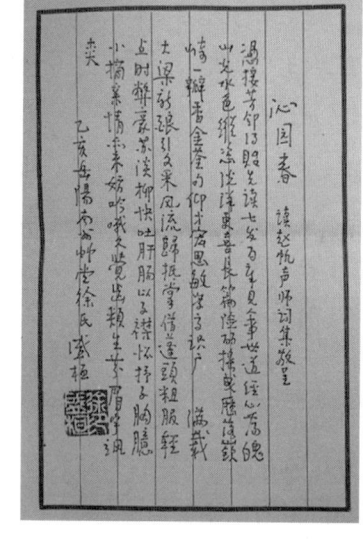

徐盛桓手写字

徐盛桓 3 岁时,一家人从澳门回到广州,父亲依然做原先的生意养家。他记得有一段时间,家里度日艰难,妈妈还拿了他的小西装去典当。尽管生活清苦,但是对孩子们的教育从来没有耽搁,几个孩子也都喜欢学习,不需要父母的监督。徐盛桓记得曾听他的父母说,他小时候看到什么就喜欢傻傻地问"是什么?""为什么?"。例如他6岁时,听到哥哥在复习数学"因式分解"(那时他已经知道了英语字母的abc),背诵"a加b的平方等于a的平方加2ab加b的平方",即$(a+b)^2 = a^2+2ab+b^2$,他就好奇地问哥哥:"什么是a家的b平房,为什么会等于a平房和ab两家的平房?"哥哥常常被他弄得哭笑不得。

他7岁时上小学,时值抗日战争胜利。小学的生活是丰富多彩的,这也是他逐渐培养习惯和爱好的时期。学校离家很近,就在他家对面街道的一座光塔寺里。上学第一天妈妈给他做了一双新鞋,而衣裤都是用大人或哥哥的旧衣服改成的。由于家里穷困,根本买不起书本,父亲只好把一些废纸钉起来,给他把课本抄录下来。他自己没有觉得有什么不好,可是老师却看着不顺眼,看不起他,时不时地为难他。有一次老师无缘无故地让他罚站,他委屈极了,不由自主地哭起来,结果眼泪把父亲用毛笔抄写的课本弄成了"大花脸",字迹都模糊了。自从这次事件之后,他就没有再回校上学,而是改为在家"上学"。

教他读书的人自然是他的父亲。父亲白天工作,挣钱养家,下班后教他读书写字。父亲挑选了《论语》《朱子格言》《千家诗》等内容教他。另外,也教他习字,所选内容有"床前明月光""一去二三里,烟村四五家"等。除了语文,父亲还教他算数的加减法,也让他背诵乘法口诀。他都一一照办,尽管他不知道乘法表到底有什么用途。父亲检查他功课的时间往往是晚上的"加班"时间——父亲为了多贴补一些家用,晚上还替人刻图章、写条幅或画中堂。他则站在父亲身边背诵所学的诗词格言,如唐诗和《论语》《朱子格言》等。习字父亲也会检查,认为写得好的字,便用红圈标示出来。

就这样,日积月累,他已经认识了不少字。白天,大人工作,哥哥姐姐上学,他就一个人在家读书、学习,凡是家里可以找得到的书,他都有兴趣看:有哥哥用过的课本,有妈妈的唱本,历史书也看,看懂看不懂的不要紧,只要是书就看。他对所学的内容总是充满了好奇,觉得很有趣。一次他刚刚学习了一个表示上下两个字互换的符号,就拿出封皮已经破旧的《小红袍》,在目录上煞有介事地圈圈点点,十分得意,还特意拿给放学回家的哥哥看,结果哥哥连一句夸奖的话都没有,看了一眼就撂一边了,令他大失所望,好生无趣。

尽管如此,哥哥总是他模仿和学习的对象。一次,他见哥哥桌子上有个小玻璃框,里面的一张纸条上面写着"宁可天下人负我,不可我负人。余之座右铭"。尽管不理解"负我""负人""座右铭"的意思,但是既然哥哥桌子上有这样的东西,那就是大人书桌的标志了(哥哥长他7岁),于是他也效仿做了一个,放在自己常用的桌子上。

他在家"上学"一个学期之后,父母觉得这样下去终究不是长久之计,就让他到另外一所学校去考一年级的插班生。这个学校是当时全市最好的广州市第一小学(下文简称市一小),是由清朝的官办外语学校——京师同文馆改制而成。当时担任校长的梁寒淡是广东高要人,抗战时在澳门从事抗日戏剧宣传活动,战争胜利回到广州做了校长。

参加插班考试的学生一共有9人。考完回家,父亲问他考得如何,他感觉都答对了。然后父亲就问他具体的考试内容,他一边回忆一边回答,最后发现写错了一个字,把"甘肃"写成了"金肃"。不过,考试结果公布出来,他考了第一名,被录取了。

在市一小上学后,他第一次知道,原来有一个地方是人人可以进去看书、借书的;原来在学校里不光要背诵、串讲、写字,还要唱歌、画画、做手工、跑步;除了在教室里上课,还会在墙壁上贴上自己画的画、写的字、作的文,比比谁的好。有一次,他给广州一个儿童刊物投了一篇稿,不知为什么,后来文稿竟然抄录得工工整整,贴在学校的墙报栏里,这在当时的学校里被传为佳话。他在市一小读了3年多,后来因为搬家,在五年级时转学了。在这3年多里,除了一次"童军"课小考考结绳,他没把"瓶结"结出来,得了个50分以外,其余的所有笔试的小考、大考,他的成绩都在90分以上,手工、体育、唱歌大概是80来分。学期总成绩基本总保持在年级的第2名。

在市一小,他学会了很多东西,令他十分怀念。他至今还记得在各年级时他的班主任的名字。四年级时的班主任叫谢志群,他曾从谢老师家里借过一套在香港出版的描写一位流浪少年参加东江游击队的小说——《虾球传》。后来谢老师生孩子,临时换了一位小伙子高浪教他们。高老师高高瘦瘦的,徐盛桓对他有特别的印象,因为高老师曾辅导他参加演讲比赛。为了辅导,有一天晚上高老师甚至留他在学校宿舍住。高老师人很活跃,课余常常教学生们唱歌,如《大家唱》《团结就是力量》《古怪歌》《山那边哟好地方》《再会吧,香港》等。教音乐课的是李老师,她不管学生们水平怎么样,教他们唱很多名曲,如德国的《莱茵河的晚唱》、李叔同的《送别》等,徐盛桓记忆犹新。

1949年7月,徐盛桓升五年级时转到市五十小学。1949年10月14日,广州迎来解放。为庆祝解放,街道组织了教唱歌的活动。所谓街道教歌,就是街道办事处与学校联系,让学生们晚上教街坊们学唱新歌。徐盛桓所在学校附近没有中学,这个重任就落到了他所在的学校。市五十小学教音乐的何文蔚老师也是高高瘦瘦的青年,在徐盛桓的记忆里,他小提琴拉得不错,嗓音也好,他带领包括徐盛桓在内的几个学生教学校附近的居民唱歌。在音乐老师的培训下,他和四五个同学当起音乐"小先生"。傍晚七八点钟,街道旁设有四五个点,架起点煤油的大光灯,打开他们用报纸黏成的大张的纸上抄写的歌谱,附近的一些家庭妇女和其他一些人聚集过去,然后学生们就一句一句认真地教起来。所教的歌曲有《解放区的天是明朗的天》《我们的队伍来了》《大家唱》之类。这也使得徐盛桓对音乐更有兴趣了。后来这些学生还组成了一个合唱小组,曾到当时位于广州沙面的广州人民广播电台演唱。1951年7月,他小学毕业,考上了广东省立文理学院附中。

文理学院附中位于广州珠江以南,当时尚属边远郊区的凤凰岗,那里曾经是个乱葬岗。徐盛桓在学校寄宿,还当上了广州一个青年刊物——《在毛泽东旗帜下》的通讯员。一次,他步行一个多小时到珠江以北的北京路青年文化宫参加通讯员会议。

散会时是晚上10点钟,步行回到学校已经11点多。途中他经过那些可以看到尸骨的坟地时,嘴里胡乱吼着苏联歌曲"同志们,向太阳,向自由"给自己壮胆,鼓足勇气朝前走。自此以后,多黑的夜路他都不害怕了。

另外,自小学始,他便对写作产生了浓厚的兴趣,也养成了观察、思考的习惯。

徐盛桓初一时,广东人民广播电台有一个节目教听众唱歌。至于节目的具体名称,由于时间久远他已经记不清楚了,他形象地称其为"空中教歌"。只要你愿意参与这个节目,就向电台报名,那么每次教新歌之前,电台就会提前把新歌寄给学习者。这样的一个机会使他在市一小、市五十小学唱歌时埋下的种子发芽了。他报名参加了电台"空中教歌"大队。一次,他刚收到电台给他寄来的歌纸,同学黄恭义拿过去就唱起来。他很纳闷,这是电台准备下周教的歌,黄恭义怎能马上流畅地唱出歌词来呢?一问才知道,音乐人有一种视唱的本领,拿起一首新歌的歌谱,就能马上唱出歌词,先是第一段,之后是第二段、第三段,甚至四部混声合唱中相隔了几行歌谱的歌词都能唱出来,一边看歌谱,心里想着如何唱,嘴里就能把看到的词唱出来。音乐家会唱的是五线谱,但黄恭义只能处理简谱。这对于当时的徐盛桓来说真是一个新天地,原来唱歌也有许多东西可以学。知道了有什么东西可以学,他就有了进取的目标。根据技巧进行学习并不难。经过3个月左右的时间,他已经可以拿起歌页就唱第三段的歌词。在这样的刺激下,他开始学习乐理。通过学习从图书馆借来的许多关于乐理的书,他发现自己的自学能力有了提高。

他甚至还搞出了"土发明":五线谱的调号很难记,C调没有#号,G调一个#号,D调两个#号,等等,另外还有b号,此外还分高音谱表、低音谱表等。他发现,把C、D、E、F排列以后,巧妙地把G、A、B插在C、D、E、F之间,成为C、G、D、A、E、B、F的排列,稍加变化就会找到基本规律,中央C没有#号,从G开始以后依次为两个#号、三个#号……这就很好记了。高音谱表、低音谱表以及b号都有这样的简便记忆法。这个"发明"对他以后各学科的学习都有启发:学科的原则、规则、规律是按有关原理,经过严格的论证、推导得到的,学习时要十分注意这些严格的科学程序,把有关原理弄通弄透,就能在偶然中找到必然。就这样,这个少年的心灵上开启了一扇音乐之门。他继续借来作曲法、和声学、曲式学、对位法之类的书来啃,买来《黄河大合唱》的合唱总谱(简谱)对照学习。虽然当时看不太懂,而且这些学习注定不会有实质性成果,因为他完全没有任何习乐的物质条件和必要的指导,但这并没有影响他的热情,因为这并不是出于他想当音乐家的奢望,而是他的一种兴趣。

1952年国家高校院系调整,广州市的4所高校——岭南大学、中山大学、华南联合大学、广东文理学院——进行了合并和重组。这4所学校的各个院系整合,分别成立了中山大学、华南师范学院、中山医学院、华南理工大学等,而原来4所高校的附属中学则合并为一所中学——华南师范学院附中(下文简称华师附中)。所以,徐盛桓初二时成为华师附中的学生。华师附中相当大,所占面积包括了现在的广东省博物馆所在地。学生数量亦是众多,他所在的初二年级就有13个班级,而且这届学生当中还出了几位名人,其中包括新中国打破举重世界纪录的第一人——陈镜开。他在1956年上海举行的中国、苏联举重友谊赛中,以133公斤的成绩打破了56公斤级挺举世界纪录。他还是两个级别上连续九次打破世界举重纪录的运动员。由于对国家的特殊贡献,从1959年起陈镜开连续多年当选为全国人民代表大会代表,并多次受到毛泽东、周恩来等的接见。另外一个名人是演员莫梓江。他于1957年考上北京电影学院,还在上大二时,就出演了《五朵金花》的男主角阿鹏,并因其出色的表演,受到了周恩来的亲自接见。

合并后华师附中的师资水平、教学设备、人文环境、生活设施都大大改善了。那时候都在学习苏联凯洛夫的教学法,用的教材,除语文外,都是从苏联课本翻译过来的。数学、物理、化学的书末附了练习题的答案。考核采用5分制,5分最高,2分为不合格。学生们做练习,常常不是满足于答案正确,而是寻找得到答案的多种方法,偶然还能证明答案有误。令现在的学生难以想象的一点是:他们考试不用监考。考试时你想出去走走,休息一下或者去厕所,向老师报告一声就可以。徐盛桓在华师附中几年,从未听说有作弊的。其实也没有什么好作弊的,因为考的东西在书本上找不到现成的答案。一次物理考试,他只得了70多分,但物理老师何老师却把他的试卷张贴在教室,一方面是因为这成绩是班里最高的,另一方面是因为解题的方法有独到之处。

他很幸运,中学遇到了许多好老师,其中一位是高一到高三的班主任、语文老师陈老师。他讲解的课文——古今中外的散文、诗歌、小说,都引人入胜,例如在解读柳永的《雨霖铃·寒蝉凄切》时,就把他的朋友岭南画派著名画家方人定先生送他的以"今宵酒醒何处,杨柳岸晓风残月"为题的画作挂在黑板上,引导学生赏读此情此景的诗情画意:凄切寒风中伤离别的心情、撩人心绪寓意送别的杨柳、寓意难以团圆的破碎的残月。徐盛桓当时是语文课代表,一次将班级同学的作业本送到陈老师家时(学生寄宿,教师都住在学校里),陈老师正同他读小学二年级的女儿玩猜谜游戏。他们玩得很特别,是陈老师说谜底,他的女儿要想出一个谜面。当时陈老师给的谜底是成语"后来居上",他的女儿思索了半天,说了几个她想到的谜面,最后她爸爸认可的谜面是"砌墙用的砖"。这个情节留给徐先生的印象很深。这些都有助于他好奇心、想象力的发展。陈老师曾经引用韩愈《师说》"圣人无常师"教导学生们,人没有固定不变的老师,无论是谁,只要有长处,就向其学习。这就启发了徐盛桓有意识地把杂志拜认为自己的老师,广泛阅读。

上中学以后,他还是《广州日报》的积极通讯员,参加过报社组织的积极通讯员联欢会,还领了一个小红皮的通讯员记事本。他一直把编辑部的记者大朋友当作他的良师益友。那时候的《广州日报》每天4版,通常有半版刊登一些非新闻消息类的老百姓喜闻乐见的东西,该版的名称就叫《副刊》。1953年5月中旬徐盛桓寄去他写的故事,信封上就写"《副刊》版"收。他的想法是:这东西是写少年儿童的生活的(那时他还是少先队员),如果报社采用,大概会在那年的6月1日儿童节发表。

那时候华师附中初中学生宿舍在文德路,每天上课要走5

分钟,穿过文明路,走进仰忠街的附中教学大楼。在文德路文明路交界的地方刚好有《广州日报》阅报栏,每天早上在他们去上课的时候报纸已经贴好。5月下旬每天去上学他都会关注阅报栏,终于在5月29日那天,他惊喜地在《广州日报》的《副刊》版上发现了他的文章。

他不敢久看,因为他还要上早自习,早自习一开始有一段时间是读报,由一个同学选读过去一天的国内外大事。为了赶时间,不迟到,他匆匆看了一下版面,确定他没有看错。他的"小说"在《副刊》中占了相当的篇幅,有大字标题直排《永远团结在一起》,但编辑删去了他投稿时写的"小说"两字,作者署名为"定愚"。确定无误后,他就迅速往教学大楼赶去。在路上,茶楼门前有卖报纸的,他没舍得花400元(旧币,相当于新币币值4分)买一份《广州日报》,而是等着报社把剪报寄给他。

过了一段时间,除了剪报,他还收到了报社汇给他的稿费9万元(旧币)。1955年人民币进行了一次币值变换,旧币1万元换新币1元,这9万元的币值就是新币的9元。有了这些钱,他正好用来在暑假参加班级组织的野营,而不用向家里要钱,此外,他还帮助了班里另外一两位同学。这是他在报刊上发表小说类文章的开始。

还有令他高兴的是,他在这段时间得到了极好的艺术熏陶。1952年底,苏联派出顶尖级艺术家来华表演。在广州的演出地点是中山纪念堂,于是离中山纪念堂不远的华师附中承担了一项任务:每场演出都要派人把空出的座位填满。那时喜好看演出的人不多,所以几乎每有演出,他都要去完成这任务。对他来说,这任务就是艺术享受,前无先例,后无来者,那真是世界水平啊!苏联亚历山大红旗歌舞团的合唱艺术,乌兰诺娃带领的芭蕾仙女,俄罗斯民歌唱法的女声重唱,大型交响乐队演奏的肖斯塔科维奇的《庆典序曲》、柴可夫斯基的《1812序曲》、哈恰图良的《假面舞会》……他此后愈来愈浓厚的艺术爱好就是在欣赏这些表演的过程中养成的。他和几个同学对交响乐着了迷,但是他们哪有钱买设备和唱片啊?幸运的是,后来他们发现国际书店是欣赏音乐的好地方。广州国际书店即现在外文书店的前身,在北京路,离中山四路不远,主要出售苏联的图书和唱片。有人要买唱片,店里的人就让他试听,他们课余经常去,就站在旁边跟着"试听"。后来店里的一位女店员知道了他们的用意,也会给他们行一些方便。这样听了一年多,苏联出的交响乐曲唱片也差不多听完了。尽管还不能说是真正的欣赏,但也十分知足了。他们一边听,一边练习记谱,看电影时也带根小铅笔头去记下电影音乐的乐谱。这时,他再回想起过去看的作曲学、和声学、曲式学、对位法之类的书,就理解得多一点了。这些在当时只是作为课外的爱好,想不到日后也都派上了用场,帮助他发表了不少东西。初中二年级,他的学年成绩科科都是5分,见证了他初中阶段的一个黄金时节。

1954年常唱革命歌曲,作曲家常为毛泽东的诗词谱曲。他通常是在《光明日报》读到作曲家为毛泽东的某诗词谱了曲,隔天就可以把推介这首曲子的文章写好,寄到《羊城晚报》副刊《晚会》发表。大约是1956年,中国实验歌剧院到广州演出大型歌剧《草原之歌》和《刘胡兰》。他看完演出后写了一篇评论,发表在作协广东分会(现广东省作协)的文学刊物《作品》上。

1957年徐盛桓高中毕业,他和几个一直对音乐有兴趣的同学,特别是从高中一起走过来的同学商量,在毕业晚会上演出器乐小合奏《托儿所的早晨》和《玩具波尔卡》。《托儿所的早晨》是二十世纪五六十年代电台常播放的一首器乐曲。高中时,他们宿舍早上播放的起床曲就是这个曲子,伴随他们多年。他们分头记谱,秘密排练,乐器是他们在当时条件下所能有的牧童笛、口琴、箫、三角铃、儿童手鼓,另外还加上了口哨、人声。演出受到极大的欢迎。也许是因为那旋律太熟悉了,唤起了同学们对这几年学校生活的回忆。他们一边演奏,同学们在下面一边唱和,气氛十分热烈。他们用手鼓突出了《玩具波尔卡》中的波尔卡舞曲的强烈节奏,既诙谐,又专业。

高中毕业后他考入华南师范学院(现华南师范大学)外语系,攻读英语专业。入学时,他人在外语系,却在中文系出了名,因为他在上海的《文艺月报》(《收获》的前身)发表了一篇评艾青诗歌的文章。尽管现在来看,文章写得很具时代性,拘泥于某种意识形态,但也确实反映了他较高的文学素养。

上大学之后他曾发表过小说,刊登在广东作家协会创办的刊物《作品》上,题为《去年团年夜》。他还在大学毕业之后结交了一些华南歌舞团的演员朋友。一次,歌舞团的朋友要到北京演出,希望能预先写好一些报道文章,以便演出的第二天就能在报纸上发表,对节目作出评介。一位朋友找到他,他在排练房看了她们的排练,帮她们写了几篇评介,后来果然在《大公报》《光明日报》等报刊上发表了。

遗憾的是,这些发表的文章和小说都未能保存下来。所幸的是,他1984年至1986在悉尼大学访学期间,将其在澳洲的一些所见、所闻、所思、所悟记录下来,发表在《大公报》上,使我们还有机会欣赏他的文笔,领略他的风格。这是后话。

回首往事,他总是说他很幸运,在初中时得到令他终身受益的艺术熏陶,使得他对古典音乐和芭蕾舞剧产生了浓厚的兴趣,自修曲式学、和声学等。这样的爱好成为一直陪伴他的"灵魂伴侣",是激发他的想象力和好奇心的源泉。这些可以进一步在下文他悉尼访学的随笔中体现出来,此处不再赘述。

二 在华南师范学院：
从英美文学研究到语言学研究

1957年,徐盛桓被华南师范学院英语系录取。他常常自嘲因为学习不好才没有考到外地的大学。当时他的同学们都认为外地的大学才是好大学。他说他历史考得不好,因为要死记硬背很多内容,那是他不喜欢的,他称自己"懒"。现在看来,他所感兴趣的不是记住书本上的具体内容,而是更关注"知其所以然",吸引他的一直都是新的视角和新的方法。

大学期间,英语专业所开设的课程内容是偏重文学方向的,主要是英美文学作品的学习和赏析,当时的老师们都很负责任,而且英语水平也高。虽然当时老师们要参加教学之外的劳动和运动,学生们的学习会受到一些影响,但是总体上学生们还是学得很不错,基本功也很扎实。在当时课程的"文学路线"影响下,徐先生当然也很注重文学方面的学习,更何况他本来就是喜欢诗歌和小说创作的"文学青年"。

大学的学习和生活条件虽然艰苦,但也十分充实和忙碌。外语系全部电化教学设备就是一部磁带录音机、一部手摇唱机另加一套"灵格风"唱片。就是在这样简陋的设备条件下,外语系给他们提供了尽可能好的教学条件:英语专业一年级26个学生,分两个班,每班配备了一位主讲的教授和一位助教。入学时,他们只有一、二年级,一部分学生来自以英语为母语的国家或地区,英语起点已比较高,但基础不够扎实。老师就狠抓他们的基本功训练。二年级的任课老师刘教授曾留学美国,是一位十分严格、细致的学者。他在学生们用词和造句上的许多细微之处指出问题,弄得他们既害怕又佩服,为他们打下了非常扎实的基础。三年级的老师吴教授曾留学英、美,原来不是文学专业的,却特别喜欢英国的散文。他认为英国18、19世纪的散文用词严谨、句式多变,但又常表现出一个共性:单词、短语、分句排列为三项式排比,读起来很有韵味。他是徐盛桓和几位同学的导师,指导他们将英国历史学家、散文家麦考利的名著《英国史》当文学作品来读。他讲解起来十分投入,特别是讲到原文的三项式排比句时,一边朗读(常常几乎是背诵),一边激情澎湃地拍着桌子"砰——砰——砰"。徐盛桓仍记得有这么一句,"The history of our country during the last hundred and sixty years is eminently the history of physical, of moral, and of intellectual improvement..."。当吴教授背诵到"the history of..., of..., and of...",他们也跟着拍着桌子读起来,大家陶醉在英语散文的三项式排比意境里。这时的学习经历,经过长时间的积累和思考,帮助他在20年后构建了一篇论文《英语三项式排比结构分析》(发表于《外国语》1984年第2期)。

他还在一、二年级的课余时间翻译了苏联出版的英文版《苏联文学》上的一些儿童小说,在《羊城晚报》副刊《花地》发表。后来增加了一些未发表的作品,结集寄给了一个出版社以求出版;出版社发函到他所在系的党总支,要对译者进行政审,但因中苏关系出现了变化,这事就被搁置了。跟他同年进入华南师范学院的同学章以武考上了中文系。他们均在报刊上发表过一些短篇小说,因而有些交往。他们曾商量一起出个小说集,后因种种原因而作罢。20世纪80年代,章以武作为电影《雅马哈鱼档》的编剧而蜚声大江南北,后当选广东省作家协会副主席和广州市作家协会主席。徐盛桓1982年成为广东省作家协会会员,他为同学有此成就感到高兴。

但是,为何后来徐盛桓从事了语言学研究,而非文学方向呢?说来有趣,这一转变同他的文学之路还有一些关系。

四年大学的专业学习时间其实很短。先是一年级上学期开展反右运动,接着二、三年级开展批判资产阶级思想运动,到农村去插秧、收割水稻,去工厂劳动,去修铁路,下乡办公社等。还有一个学期差不多全部时间都在乡下参加社会主义教育运动,专业学习的时间不多,所以他对来之不易的学习时间特别珍惜。

1961年,他大学毕业留校任教。由于大学期间政治运动和劳动占去的时间较多,1962~1963年,学校让他们这批年轻的助教"填平补齐",就是把在大学期间该学而未学的东西,通过自学和请老教师指导来补充完善。他在这段时间读了一些书,除一批英美文学作品和英美文学史的著述外,还读了叶斯柏森的《现代英语语法》和《语法哲学》、丹尼尔·琼斯的《英语语音学纲要》和《英语语音》等描写语言学的一些经典著作,学识略有长进。但是后来又是不断停课下乡,直到"文化大革命"爆发。社会主义教育运动和"文化大革命"开始后,所有的学习都停下来了。

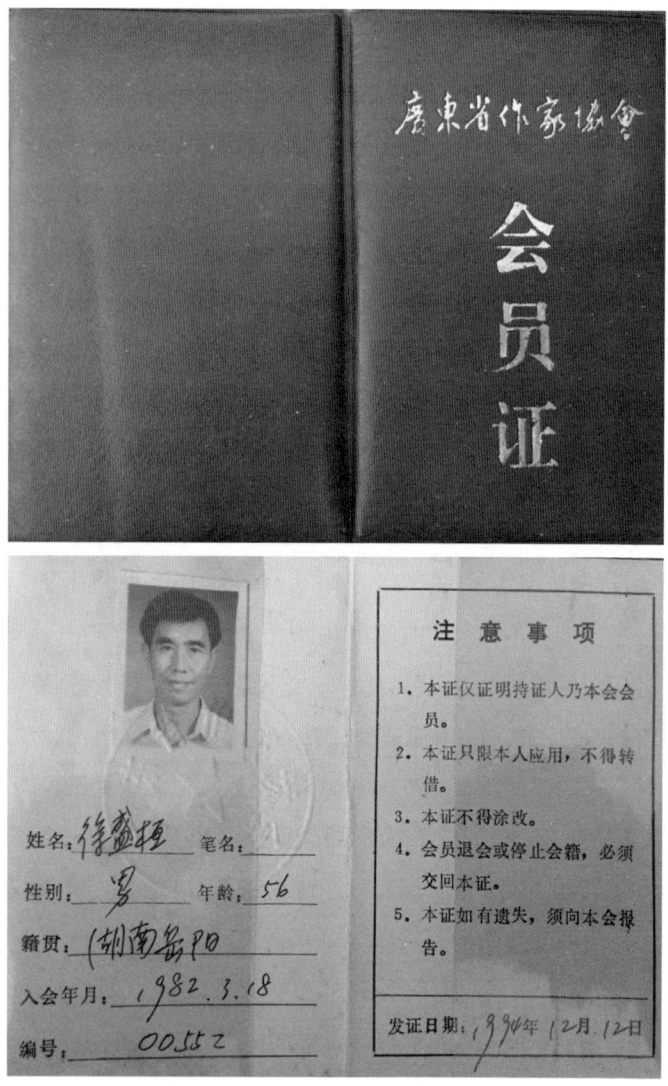

广东省作家协会会员证

这期间,政治运动的一个主要方面就是批判资产阶级学术

二 在华南师范学院：从英美文学研究到语言学研究

思想，他当然也接受了这些主流的意识形态。他曾以笔名"红小兵"发表作品，从中可以看到非常明显的时代特征。在当时的政治大环境下，他发表过一篇批判艾青诗歌的文章，另外就是对20世纪60年代我国出版的一种"英美文学作品欣赏中华活页文选"的批判文章。"文选"中有许多名家撰文，类似导读，指导读者如何欣赏英美名篇，如莎士比亚的戏剧、彭斯的诗等。这时，教师已经可以开展一些业务性的学习和工作。当时的英语教学走的基本上仍是"文学路线"，教的内容都是英美文学作品，做的研究是文学作品的解读。徐先生受主流意识形态的影响，就"文选"中的导读所表现出的"资产阶级思想"写了一篇一万多字的文学评论——《评〈英美文学欣赏〉(第一集)》(发表于《外语教学与研究》1965年第2期)。当然，他后来再去看这篇文章，认为不论研究方法还是观点都有很大的问题。但由此也可以看到他在英美文学方面的一些知识积累。那时文学研究的主要理论形态是社会主义现实主义的阶级分析法，对外国文学作品的评价常以某种立场、某种意识形态来划界，工人作家的作品、揭露资本主义社会的作品受到青睐，但很难提升为一种文学理论。而对此的反思使他发现一些根本问题，也促使他决定不再从事外国文学的研究。首先，他发现自己没有把握住文学的研究方法。他所发表的文章只是分析了原作品的内容及其所反映出来的诸如教育意义、社会意义等，是基于社会意识形态的要求，从社会学的角度进行的，而没有把握文学研究的核心——文学性。另外，他深刻意识到文学研究不能以作品的背景、主题思想、人物分析和一些写作方法为主要内容。要进行真正的文学研究是需要深厚的理论和修养积淀的,他自己觉得在这些方面还有许多不足,于是决定不以文学研究作为自己的研究方向。除此之外,还有两个原因也导致了他研究方向的转变:一个是翻译联合国文件的经历,另一个是从乔姆斯基的著作受到的启发。

翻译联合国文件是在1974年。他被华南师范学院任命为联合国文件翻译组组长,参加了联合国文件翻译工作。当时一同参加翻译工作的还有华南师范学院外语系的几位系主任,小组的成员许多是留学归来的教授,尽管原来不一定是学英语的,但英、汉语水平都很高。全国其他高校也基本是这样的情况,如北京外国语大学翻译小组的定稿人是王佐良教授、许国璋教授,中山大学翻译小组的定稿人是戴镏龄教授。所翻译的联合国文件的内容是联合国大会发言的英文稿。徐盛桓清楚记得刚开始翻译时,很多内容看不懂,因为缺乏相关内容的背景知识,对英语新的变化也不够了解。针对这些问题,翻译人员的对策就是恶补功课:大量阅读报刊,了解有关背景和事实;学习关于当代英语变化的论著,熟悉英语在词汇和语法方面的最新变化。当时他对翻译的认识也很简单:翻译就是中外文字对换,原文不能解读错,译成的汉语表达要清楚可读,有时还要有点文采。在这段时间,大家的学习重点也集中到语言和语言学上面。大家一边学习一边翻译,集思广益,最终完成了翻译任务。组织这一工作的中央领导部门对译文的要求是"准确、通顺",他们大体就是以这种认识来完成联合国文件翻译任务的。因为联合国文件的文体风格比较单一,用上述标准对待文件的翻译也还应付得过去。

二 在华南师范学院：从英美文学研究到语言学研究

因此，那时他对翻译的研究总体上是总结一些翻译的文字技巧，如《汉语外位成分在翻译中的运用》(发表于《现代外语》1978年第1期)、《歧义与翻译》(发表于《外国语教学》1980年第1期)、《也谈句法与翻译——与〈英译汉句法误解简析〉作者商榷》(发表于《现代外语》1981年第1期)。徐盛桓对翻译的研究在联合国文件翻译告一段落之后还在继续。与此同时，他还了解了翻译理论和方法方面的研究，并开始关注英汉对比研究。也许正是因为有这次翻译经历，在翻译任务完成不久后，东方出版社邀他审校将由该社出版的一本书——《共产国际文件(1929—1943)》，原文是共产国际文件的英文文本，由一个叫珍妮·德格拉斯的英国人选编。这次审校也是一个很好的学习机会，对于翻译当中的问题、经验和教训他都有了更深刻的认识，翻译过程中的学习和实践令他对语言学产生了浓厚的兴趣。

另外一件令他转向语言学研究的事情发生在20世纪70年代末。有一次听桂诗春教授访美回国后的一场学术报告，其中提到了"乔姆斯基革命"。他之前根本不知道乔姆斯基及其研究，他读大学的时候，中文系开设"语言学概论"课程，内容主要来自苏联学者编的普通语言学教科书的章节，没有涉及当代语言学的内容，他也没有选修这门课，所以他对桂老师提到的信息既陌生，又好奇，于是就到外语系资料室查找，意外找到了"文革"前他们系定购的美国的一些语言学资料，甚至有乔姆斯基的那本《句法结构》。多年后提及此事，徐先生还感慨于他当时信息的滞后和对知识的渴望：人家的书已经出版了十多年，理论也有了扬弃与发展，他才开始研读。他如饥似渴地读起来。初读

《共产国际文件(1929—1943)》

二 在华南师范学院：从英美文学研究到语言学研究

时一点都不懂,因为一直没有接触过语言学的东西。但是他硬着头皮读下去,一遍、两遍地反复读,开始半懂不懂,慢慢知道了一点皮毛。他觉得语言学理论比文学分析实在,与他的经验也更贴近。毕竟他有几年学英语语法的体会及长期运用自己母语的感受,还有教学生学英语语法的经验,所以这些语言学理论表面的一些东西还是能读进去一点的,尤其是那些同表面的语言经验比较接近的内容。虽然没有完全读懂,但是书中提到的"转换"却令他眼界大开,兴趣盎然。他自然而然地将其与英语教学联系起来,觉得很有用。然后,他又翻找到几本美国教师协会出版的刊物,里面恰好有几篇是关于运用"转换"的方法来进行教学的。

经过一番研读和思考,他参照这些方法,自己也设计了一些运用"转换"的教学方法,并将其整理总结写成了 3 万余字的论文,分别为《关于卓姆斯基的"转化语法"》(发表于《华南师院学报》1978 年第 1 期)、《转化语法在外语教学中的运用》(发表于《华南师院学报》1978 年第 2 期),这算是他涉猎语言学之始。他听桂诗春老师讲座介绍的时候只有 Chomsky 的发音,由于当时他还没有读到国内其他研究者的有关研究,也不知道 Chomsky 是否已经有固定的译名,便将其名译作"卓姆斯基",其理论译作"转换语法"。他这两篇论文可能属于我国"文革"后介绍乔姆斯基理论最早的几篇,尽管还是很初级。之后他还撰写了《深层结构与英语教学》(发表于《外语学刊》1981 年第 1 期)。这样,他在进行翻译研究的同时,开始了语言学的学习、思考。在学习转换生成语言学后他还写了《汉语主位化初探》(发表于

《华南师范大学学报》1983年第4期)、《空范畴初探》(发表于《外语教学与研究》1984年第4期)、《语言的生成性》(发表于《华南师范大学学报》1984年第4期)等文。

自此,他的研究兴趣已经由文学转变到语言学上面。而这也促使他更加关注语言学研究的动向和发展,尽一切可能研读可以获取的一切文献和资料。由于当时对国外语言学的引进还很匮乏,原著很难找到,他就看综述、译介之类的材料。

令他高兴的是,就在他如饥似渴地需要语言学方面的资料时,几所外语院校的刊物在这个时期(20世纪70年代末)先后复刊、创刊或试刊。例如,他还记得《外国语》1979年正式公开对外发行时,有好几篇专门介绍语言学研究的文章,如语言学名词解释、语言学的过去与当时状况的介绍、语言学与语言教学的关系讨论等。尽管当时学术期刊上的此类介绍不可能很翔实,但对于他来说已经是一片不小的新天地了。同时,他深知只靠这些综述性的二手材料是远远不够的,要真正了解、研究还需要自己研读原著。于是他将那些介绍中提到的学派、理论及有关著作记下来,作为日后研读的向导和线索,设法找到第一手材料。他开始了解著名的语言学家及其理论也是在这段时间,例如韩礼德及功能学派系统语法等。刊物上刊登的此类入门文章对他极有帮助,为他提供了提纲挈领的介绍,使他可以按图索骥,入门的路变得清楚多了。而这样的广泛阅读,为他以后从事较专门的研究奠定了基础,使他可以普遍联系,融会贯通。

也正是基于自己学习语言学的这段经历,当有初学者问他该如何着手进行语言学研究时,他往往会分享自己的学习方法,

二 在华南师范学院:从英美文学研究到语言学研究

建议他们把近10年来各刊物发表的评介综述一类的文章找出来,按学派人物、著作、理论及其发展等记下来,然后去找第一手材料来研读。综合了这些评介,既可以作为阅读的线索,又可以作为自己思考时的参考。在这样的引导下进行一番比较广泛的研读,入门的功底也许就会稍为深厚些,然后再往某一个方面深入时就会有较好的基础。

另外,上高中之后,每期的《中国语文》他都会看,除了上面刊登的音韵学等那些对他来讲很高深的文章以外,对其中考究古今文字演变源流的文章、考察地方方言语义演变的文章、研究汉语句法嬗变的文章等他都会仔细阅读。特别是二十世纪七八十年代,刊物里有关西方语言学理论的译介开始多了起来,开阔了他的视野。他特别留意那些将词语之间意义的关系延伸和扩展到意义同使用之间的关系的研究论文。大约是在1978年,《中国语文》创办了它的子刊物《中国语文通讯》。他发现《中国语文通讯》选用的文章内容较为广泛,也较为通俗易懂,而选题则更多关切社会上用语的变化、发展及其规范。《中国语文通讯》创办后,他就据此写过几篇短文,在《中国语文通讯》上发表了,有的后来还被收进《中国语文》的丛书中。在《中国语文通讯》的办刊宗旨的引导下,他慢慢地体会到,语言研究要以运用语言中的问题为导向,归根到底是为了用好语言,增强文化自信。

20世纪80年代,随着改革开放的深入,各流派、各学科的语言学理论的引进越来越活跃,他接触到的语言学理论流派也越来越多。系资料室购进了韩礼德的著作《语言功能探索》和

《作为社会符号的语言》等书。他觉得韩礼德的系统功能语言学很贴近人们运用语言进行社会交际的心理和惯例,比较容易理解和运用,读起来很有意思。他读了韩礼德的著作,并参考了苏联篇章语言学关于超句统一体的论述和荷兰语言学家、阿姆斯特丹大学语言学系主任 Simon Dik 教授的功能语言学的理论,结合自己教学和翻译的体会,灵活地将语言学和教学结合起来,使两者互相促进,开始了他运用现代语言学理论进行的语言研究。

他研究语言学虽然起步较晚,但他的认识是:早晚只是比较而言,只要起步了,就比还没有起步早。

留校任教以后,他教授基础英语课,教课的过程让他注意到更多的语言现象,收集到更多的语料,为他研究和写论文提供了第一手材料。所谓教研相长,教书促进他的研究,而研究又反过来提升他的教学水平。他从来都是将科研和教学放在同等重要的地位,确保不顾此失彼,不当"科研巨人、教学矮子"。

正是有了语言学的知识积累,1981 年,他给英语系四年级的学生上翻译课期间,就试着运用信息论和语义网络理论将翻译的方法和原理结合起来,还写了一份讲义,并仿照"-ology"的构词法,称其为 Translatology,意为"翻译学"。在教学中能够这样融会贯通,同他的善思而敏学密不可分,当然还有作为教师的责任感。这些都是发自内心想做和去做的事情,没有任何的名或利的驱动。

另一方面,教学也为他的科研提供了研究对象和语料。他要求自己要出色地完成教学任务,保持较高的外语水平,这也有助于培养敏锐的语感,对语言运用的异同、新旧等的敏感,是积累和筛选语料的基础。例如他回忆自己如何在教学中发现问题并运用语言学解决问题,继而在发表论文时提到,当时有一课是关于爱迪生的,课文有一句"Edison gave his mother part of the money he made from selling newspapers. The rest he spent on chemicals.",句子很简单,很好懂,只是后面一句的宾语前置了。为什么呢?当时能找到的语法书没有说明这个问题。他记得他读过的韩礼德的一篇论文"Notes on transitivity and theme in English"和一本著作《语言功能探索》里面提到过这种现象。在韩礼德有关论述的启发下,他再研究了课本其他一些句子,发现英语语句的衔接、照应、过渡的一些基本模式,于是写了《主位和述位》一文(发表于《外语教学与研究》1982年第2期)。这篇论文的例句部分引自所用教材《许国璋英语》,部分出自《新概念英语》第2册,这也是当时他教的一种基础英语入门教材。他的这一段经历表明,从自己的教学工作出发,尽管教学内容看起来简单,但还是有很大的研究空间。其实,语言材料无所谓深浅,重在发掘。所以他也总是鼓励他的学生到工作岗位以后,注重教学工作,从教学材料中发现研究语料和课题。

随着了解越来越多的语言学理论,西方语言学中"言语行为"理论的"间接言语行为"给了他很大的启发,他发现,在语言的实际运用中,疑问句是较多发生句法嬗变的句法之一:探询功能不断消减弱化,以至最终转移成其他语用功能。这一直是语用学家十分感兴趣的语言现象,即疑问句的形式逐渐消减其作用,最终蜕化为表示非疑问的内容,如"你怎么能这么做"实际上是表达"你不能这么做"。这里,语用性的变化同语法性的变化有一定的相关性。他正是在这样的相关性中看到了疑问句运用中某些语用因素所经历的语法化过程。过去,对这一现象是分别从语法学(疑问句句法)、修辞学(修辞疑问句)、语用学(间接语言行为)这三大块来研究的,他觉得间接语言行为理论未能概括地、统一地揭示这里的变化机制,于是提出"疑问句语用嬗变理论模型"假说,发表了论文《疑问句的语用性嬗变》(发表于《外语教学与研究》,1998年第4期)。他认为这一语用嬗变具有一定的跨语言概括性,也应可以用在汉语相关的研究里,这就是在1991年第1期《中国语文》发表的《疑问句探寻功能的迁移》。能做出这样的概括,他认为都是想象力、联想力在发挥力量。

1966年,他经人介绍认识了自己的太太。说起太太,他还告诉我一个"典故"——箩底橙。他和太太在当时都属晚婚,都是29岁。经太太的同学介绍认识,他们一见钟情,他开玩笑说:"我们两个都是箩底橙,不如就在一起吧。""箩底橙"是粤语形容人家选剩没有人要的东西的用语,就像被人家选来选去没有人要,留在盛水果的箩筐底下的橙子那样。徐太太也有一次在聊天中跟我提到这个"典故",说徐老师很有趣,有幽默感。

他们相识不久便喜结连理。家有一个女儿、一个儿子。孩子们小的时候,他们夫妇工作很忙,只好找人照看孩子,等孩子到了上幼儿园的年龄,往往也是一大早就把孩子送到幼儿园,如果幼儿园还没有开门,就叮嘱孩子在门口等着,然后大人就赶去上班了,所以孩子们的独立性从小就练就了。徐盛桓总是说他从来不是一个"虎父",而是"猫爸",对孩子很宽松,从来不逼着孩子学这个学那个。

结婚照

三 悉尼经历

徐盛桓在悉尼

1984年至1986年,徐盛桓被教育部公派到悉尼大学访学。在悉尼访学期间,他充分利用这次难得的机会,尽量多见识,多读书,去听课,参加研讨会,吸收韩礼德最新的研究成果。据他回忆,韩礼德讲课风趣幽默,而且没有正襟危坐的传统教授模样,有时还喜欢坐在讲桌上授课。徐盛桓第一次去听他的课时,他下课后走过去问徐盛桓"New face?",非常平易近人。而对于徐盛桓来讲,上课只是一部分的访学活动,更重要的是充分利用在国外的机会,大量阅读国内找不到的刊物和图书(那时的信息获得条件是极其有限的,尚无什么互联网和信息高速公路)。他阅读了悉尼大学图书馆里重要的语言学相关的著作,其中有3套多卷本的系列丛书,一套是当时已出版十三四卷的"语用和语义"(书名他已记不清楚,以下两套同此)研究系列。几乎所有同语法、语义、语用研究有关的重要文章都被收录了进去,例如,Grice 的"会话含义理论",他就是在这套丛书里读到的。另外两套叫"New Horizon"和"New Trends"之类。他记得里面许多文章是关于计算语言学、数理语言学、形式语义学、语言逻辑、语言统计、语言运作模式的建立的,它们成为他认识上的"新的地平线"。例如,他以前已经自学了一般的统计学,而在这里还读到了"语言统计学",通过词汇的统计来研究文体。这些书,在当时的国内,至少在他所在的学校里一时还读不到。他做了许多的笔记,开拓了有助于日后研究的多方面的视角。他认认真真地研读了索绪尔的《语言学教程》的英译本和其他国家出版的高名凯的中文译本、美国的几位语言学家分别写的《语言论》、美国和欧洲语言学家的功能语言学著作、二十世纪三四十年代布拉格学派的重要著作、美国描写语言学的重要著述,及其他语言学论文。他在悉尼还有机会较早读到夸克等人 1985 年编撰的《英语语法大全》这本大部头的语法书,并且读到了名家们对它的评论。考虑到国内得到国外图书资源之不易,他做了很详细的笔记。悉尼大学图书馆顶楼有一个小小的"东亚图书馆",里面放的主要是中文的图书。1949 年之前出版发行的汉语语法(文法)和修辞著作在这里找比在国内方便多了。《马氏文通》以及陈承泽、吴瀛、杨树达、金兆梓、陈望道、方光焘等人的汉语语法著作，还有后来的吕叔湘、王力、赵元任等的著作，他都是在那里读到的。那里有台湾出版的用汉语写的语言学著作，包括研究古汉语的、现代汉语的，甚至还有研究英语的。1949年以来，他对台湾语言学研究一直了解不多，在这里增加了对台湾语言学研究的了解。台湾的同行接触美国现代语言学理论的机会比他早，他们的研究有很多长处，对他有很好的启发。

访学的另外一个收获就是开阔眼界，见识外面的世界。正是如此，才有了写专栏的契机。因为喜欢音乐和舞蹈（流行音乐和舞蹈他是到了澳大利亚才第一次接触到），只要有机会就去看相关的演出，并将所见、所闻、所思记录下来，给报纸投稿。刚开始是自己投稿给《大公报》，后来是编辑约稿，设有专栏，在报纸的"大公园"版面，有时会在他的稿件处标注"澳洲通讯"。可惜他当时保存的报纸由于受潮而发霉了，未能留存下来，而现在也很难找到。我遍寻各种途径，最终找到部分20世纪80年代《大公报》的影印版。由于无法像电子文档那样搜索关键词，只好手动检索，一份一份报纸找。还好知道这些随笔发表在"大公园"版面，否则真的是大海捞针了。

下面选取一些当时的随笔，一方面了解了他在澳大利亚的访学经历、感受、收获，另一方面也可以领略其隽永、清新的文笔。此外，也借此机会将这些随笔献给徐盛桓老师，也算是失而复得吧。

三 悉尼经历

在悉尼的"家"里（背后的悉尼歌剧院是他的钢笔画，右侧是街头艺人依照他提供的照片所画的他儿子的肖像）

徐盛桓钢笔画《悉尼歌剧院》

我在悉尼写招牌

搬家的时候，怕字画塞在皮箱里弄坏，所以放在水桶形的旅行袋里，一进门就吸引了新房东方先生的注意。东西还未拿进我的房间，他就要我打开来看。这些字画是带来准备送给这里的新朋旧友的，有我赴澳前朋友画给我的几幅国画，还有我自己涂鸦的两张篆、隶的条幅。

过了几天，方先生到房间来看我。方先生三十几岁的样子，是我朋友的朋友。所以除房东房客外，我们还有一层较密切的关系。朋友之前告诉过我，方先生10年前从香港移民到这里，未有固定的工作，生活还不太安定，现正租下一片小餐馆，筹备开业。我同方先生的谈话，自然就谈到参观。从谈话得知，他花了一大笔钱办了租店、登记改名等手续，本拟略加装修，写好招牌，在上周开业。谁知有关方面查出，厨房存放油腻污水的油池失修，不允许开业。方先生没办法，要花六七千元，而且工程一直拖着，每多拖一个星期就要多付一周的租金。由于开支超出了预算，窗橱招牌装饰的费用也就成了问题。

我知道这一开支不菲。我的一位地产商朋友请人在他代理租售的一间大厦墙上写了一个牌子，不到4平方米，英文字也不多，已是500多元。方先生店子的窗橱在4平方米以上，从设计到请人写中英文大字到上窗橱，看来要价不会比上述的牌子低。我猜出了方先生的来意。我虽无装潢设计之才，却有助人解难之心。我当即表示，如不嫌我的书画会辱没门面，我愿尽力而为。

三 悉尼经历

在之后几天到大学去的路上,我特别注意商店窗橱上的招牌书写。一次,看到几位工人在墙上写商标的大字母,书写时以一条横木支撑着笔杆,使线条保持直而流畅,解决了我一直在思考的如何在垂直的平面上保证下笔的平稳、线条平直的问题,我甚至同他们交谈了一会,请他们让我实践了几笔。

星期五晚上,我将设计方案拿给方先生。根据方先生转达的他爸爸的要求,左边较大的一半写中文,中间是一个写有"诚记"字样的圆形图案,再以楷书写"诚记菜馆"及其他一些字,右边是英文……方先生马上把方老先生用车子接来细看斟酌,拍板定案。我连夜用白纸把中英文写好。

星期六,是把字写在窗橱的日子。方家分住各处的父母和兄弟姐妹都来了。有人帮我看字的位置,把字形摹写上玻璃后,他们又议论一番,务求弄得好些。小家伙忙着给我递可乐,递笔递尺,当然,大家也忙餐馆里其他一些事。两老兴高采烈地在这个"准餐馆"开了第一次炉,这忙碌的一群人成了这"准餐馆"的第一批食客。条件所限,饭菜很简单,大家却非常热闹,吃得十分开心。

过路华人经过,往往会停下来,对我填着的字发表几句观感。其中一位大概从我的衣着知道我不是专业工人,同我打招呼:"自己写啊?几时开张?"我笑笑没有表示;他明白不是我的店子,又说:"写得一手好字,休息日做兼职都好哦。"我还是笑笑,他友善地挥挥手走了。一些澳大利亚人也驻足看我写,大概他们第一次看见写方块字吧。星期六、日忙碌了两天,终于把窗橱写好了。老人家表示满意,当即用红纸封好,要正式开业时才揭封,开张大吉。

餐馆内我也帮忙做了一些布置。为了使中国味道浓一些,我送给他们一幅国画,方先生高兴地把国画挂在最显眼的中央。餐馆终于开业了。我因无法抽身,不能参加他们的招牌揭封仪式。第二天一早,方先生塞给我一个红包,说是为了揭封好意头,这红包是一定要给的,我推却不了,只好收下。我用红包里的十元,给方先生的儿子买了一个绒毛玩具熊猫。一个星期天,他们请我到新开张的餐馆参观,见熊猫正"躺"在收银台上的一个花瓶下——它也来装饰餐馆了。看见方先生夫妇,他们没有再请人,在餐馆里愉快地忙着。我也为当了一次写招牌的工匠而感到愉快。

悉尼书肆巡礼

在悉尼,我喜欢逛书店。原因之一,是难得许多书店在星期六和星期天仍然开门。

悉尼最大的书店,首推居于闹市乔治街的"戴莫克"。这间老"戴",分楼上楼下两层,光是楼下一层,靠墙的书架就将近上百,还有大厅几排并列的书架,也在上百。琳琅满目的书,从研讨现实的《澳大利亚经济问题》,到探索虚渺世界的《人死了以后》;从难以求证的《梦的详解》,到不无实用价值的《如何对抗强奸》。我想,出版商出版各种书,是早已考虑到社会需要的,在这个意义上说,书店多少可以折射出社会的现实和人们的思想。二楼是专业科技书,在"语言"专架前,常可以看到想学中文的外国人(从我眼中看)和想学外文的中国人,由于有相似的目的,彼此常会友好地打一下招呼。

"戴莫克"设备比较完善。电视机播放着根据畅销书改编的电视片集录像;几个柜台上的电脑键盘可以在一分几十秒内为你查出该店有没有你所需要的书;二楼有几部示范用的微电脑,包括一部连接了国际象棋棋盘的;"灵格风"出版公司在二楼专门开设了一个专柜,设法为各种语言和方言——例如广州话——的学习者解决困难;楼下当眼处常有一个"儿童绘画角",提供大幅画纸和颜料,免费让儿童作画,有时还会有些热心的志愿者给即席挥毫的小孩一些指点,并且告诉其父母可以买本什么书做参考。这一切,使得逛书店的人,除了读到和买到所需的书外,还可以得到其他一些乐趣或收获。你逛得有点累了,可以到二楼的咖啡室休息一下,翻翻刚才买到的书,因为不少人买书总想尽快浏览一下;也许在这儿你还会遇到一两位买书的"同道中人",交换一下刚才看到的"行情",或者相互对某些书发表一些"茶座式"的评论,你会有意想不到的收获。

一般说来,"戴莫克"的书,书价相当可观。想买便宜一点的新书,可以到"折价书店"。这种书店,我知道的就有好几间,价格一样,看来同属一个系统。我做过一次比较,有一本美术专著,"戴莫克"标价13元多,"折价书店"9元多。书价平的原因,除了有薄利多销和书店的经营开支稍低的因素外,还有一个原因是所进的货多是几年前出的书。一本1982年出的物理学专著,原价30多元,现减价为6元9角5分;好些化学、生物学、市场学、电脑等著作,都大体如此。这种现象,也许可以从一个方面表明现今世界各学科理论体系发展更新之迅速。与此相比较,有关烹调、宠物之类的书,降价幅度就比较小。一本外国人编的关于中菜烹调的书,折价后为17元多,只减价2元多。

这里旧书店也很多。人们爱把这类书店称为"书籍交换中心""图书一千零一种书店",这相当形象地表明了这类书店的性质。这里的书当然便宜一些,但有实用价值的,也不会太便宜。这类书店通常是相当热闹的,有些店子还有一个"儿童不宜的角落"。

但是,有些旧书店的书是相当贵的。不过那不是普通的旧书店,而是善本、珍本书籍书店。我在这些书店里,见过20世纪初的报纸;一本比火柴盒稍大的手抄童话书,而且还有插图;一本据说是17世纪出版的英语语法书(可能是重印本)等。一本残旧的书,动不动就是上百或几百元。一位陪我逛这类书店的澳大利亚朋友对我说,这些书,与其说是知识的源泉,不如说是财富的潜在源泉,如果看得准,今天买进的某本书,三十几年后转手,价格可能已经翻了几番。

大学附近,有"大学用书书店"(旧书店),可买可卖。买书的经验教训之一,是必须注意你买的版本(如第一版、二版、三四五六版等)是否同导师指定的版本相符,新版说不定会有修订。

悉尼看《猫》记

进入剧场,没有舞台,没有幕,仿佛置身于一个硕大无比的垃圾堆里,这就是《猫》剧的演出。

《猫》的演出,具有世界性:据悉,目前有八个剧组分别在美国、英国、奥地利、日本、匈牙利等地同时上演这一大型歌舞剧,这一盛况,为其他剧目所少见。在悉尼,算是现今最叫座的演出之一,虽然票价可观(最便宜的是32元5角)。我们在5月份一开始接受订票时(7月份开始上演)就马上行动,也只能订到12月底的票,听说明年的票已售得差不多了。原演出合同为一年,剧场人士说,从目前的势头看,势必延期。而据介绍,在欧洲一些地方的预订票期竟超过了一年!

《猫》是大型歌舞剧,集歌、舞、朗诵于一体。它是根据托马斯·艾略特(T. S. Eliot, 1888~1965)的一首长诗改编的。艾略特还得过1984年的诺贝尔文学奖,英国人尊他为英国现代诗坛之圣,英皇曾授予他勋章,美国人却说他是美国杰出诗人。原来,他是在美国出生受教育,后来加入了英籍。

《猫》剧根据原作精神,除偶尔有一两种别的角色上场外,全剧均以猫充任角色,《猫》可以说是猫的天地。这些猫出没活动的地方,就是本文开头提到的那个大"垃圾堆"。原诗虽然是20世纪30年代的作品,但"垃圾堆"里却出现了只有在现时悉尼才会出现的那些纸牛奶盒、香烟盒等,从而赋予了这个舞剧以时代感,这也许是编导者的一种寓意吧。这堆"垃圾"从演出的主要场地(我没有用"舞台"这个词)一直延伸到楼上楼下的观众席,因为演出时"猫"常出没穿插在观众之间,让观众有一种感同身受的气氛。要问"垃圾堆"里的东西有多大,可以这样推算:一盏真台灯的高度大约相当于一只真猫的身长,那么"垃圾"里一盏烂台灯之高,大体就是剧中的"猫"——一个成年人——的高度。以这样来推算,有些还得加上作为道具的合理夸张,不难想象"垃圾"里诸如破鞋子、可乐的空罐子、破烂的电冰箱洗衣机、废弃的轮胎、七零八落的自行车、猫儿吃剩的整条鱼骨头等，是何等规模了。"垃圾堆"里还有一辆破汽车，也就是客车头的一部分。

演出开始，一轮满月出现在漆黑的天幕，在剧场上空有无数的灯光闪烁，仿佛是点点繁星，继而通过灯光造型，在观众眼前闪现出数不清的双双猫眼的绿光，加上立体声的音响、音乐效果，让人们感到有千百只猫在夜空下活动，奔驰跳跃，汇聚到这里。接着，不同造型的"猫"，从不同的角落——破纸箱、破阁楼、破汽车的门后等——冒了出来，以不同的姿态，不同的"说话"语调，开始了它们的自我表现。这些"猫"，有老有小，还有领头的。有的持重世故，有的天真活跃，有的高贵，有的低微，有的自负，有的懦弱，有的凶猛，有的温顺……各自表现出对它们所生存的社会不同的看法。看来，编导并不看重剧情的发展和故事的编排，而以生活在不同环境的"猫"的思想冲突为经，它们形成的种种关系为纬，编织出一幅复杂的社会画面；当然猫只是借用的一种形象，正如一只久经世故的"老猫"面对观众唱的："我们猫同你们大家都一样。"剧的本意，还是借猫表现人，展现人生诸态，让人们有所感触。我们看到的，既像熟悉的猫，又像天天打交道的人，看来，这是《猫》剧吸引人之处：观感上觉得是猫，保持着一定距离，仿佛当成另一个世界的事，心理上易于接受，然而展现的画面又是一个活生生的人世间，令你不得不思考、震惊。

看来，"猫"的各种亮相，是打动了观众的心的。许多只"猫"的唱段，常获得热烈的掌声。一只造型丑陋，衣衫褴褛的哀伤"老母猫",感怀身世,悲切地唱道"我那时曾是美丽的",感慨世态炎凉,博得长时间的掌声,谢幕时"老母猫"也出场,掌声也是最热烈的。说明观众对"老母猫"的感怀和遭遇很有共鸣。当两只曾经不谙世事的活泼小猫庄重地上前去搀扶这只疲惫哀怨的"老母猫"时,观众也以掌声作出热烈的反应。《猫》剧的演出,既没有现代舞台常用以炫耀的激光、干冰,也没有狂歌劲舞、刺激性的音乐,却在世界多个城市演出,历久不衰,这似乎多少可以说明,世界上也有不少观众,十分欢迎有一定思想深度的东西,不一定在乎舞台观感上的刺激。

在演出的技巧来说,《猫》剧也有好些地方值得一提。时刻争取同观众沟通,这也许算得演出的一大特点。剧场原来的舞台加大了,一直扩展,几乎到了前台的席位;前沿低矮,"猫"可以自由跳上跳落;布景(那堆"垃圾")一直堆到楼上楼下观众座位旁边。这样,就似乎看不到舞台,"猫"常常穿插在观众之间。"猫"的好几个"巢穴",就在观众身旁不远。有些"猫"在前面唱念起舞,伏在这些"巢穴"休息的"猫"随之做出一些自然的反应,这自然就会对观众产生影响。立体式的灯光造型和好些来自观众席不同方位的立体声音乐效果,看来也加强了演出同观众的沟通,如果说《猫》剧的演出能较好地打动观众的心,我看导演的这一构思起了一定的作用。

舞台调度手法灵活多变,在《猫》剧也很突出。只要是剧情需要,"猫"可以在任何地点出场——这丰富了剧集的表现力,又符合猫敏捷矫健的特点。有一次一只"猫"竟然从地面上的"垃圾堆"中——演出场地的地面突然裂开——跳上来。有些

"猫"突然拾起地上的"垃圾"——烟盒、破鞋子、汽水罐、牛奶盒等——套在身上，成了活道具，能动地配合着正在唱念起舞的"猫"的演出。由于这些灵活的手法，全剧除了幕间一个过场落下来一道间幕外，没有落幕，一气呵成，更能吸引观众的注意。

演员是十分认真的。举一个小例子：远离演出中心而伏在边远地方"巢穴"的"猫"，也绝不会偷懒，他们常常跟着前面的演员做出反应，或者做出些猫儿可爱的小动作——动作虽不显眼，却也体现了演员的认真，这应该是《猫》剧成功的因素之一。

悉尼游艺节的第一天

按理说，每年的悉尼游艺节应是从一月一日开始，至月底结束，但事实上，往往是在新年到来前的几小时就已开始了。我们是在除夕的九点多钟来到游艺节所在地海德公园的，但见灯火璀璨，但闻笑语鼎沸，高空滑车同弹子飞船齐飞，霓虹灯彩与人们笑靥一色，上千的游客浸沉在欢快的节日气氛之中。

悉尼的这一游艺节迄今才是第十届。一月份是悉尼放暑假的日子，游艺节可以为不同年龄的学生提供适合他们的有益身心、开发智力、锻炼性格的游戏；当然，就算是其他年纪大的人，对于这里的刺激、谐趣、戏而不谑、有惊无险的耍乐，也一样会很感兴趣。到悉尼来享受一月盛夏阳光的外地游客，在这儿除了可以比较集中地看到欢乐的悉尼以外，还容易选购到代表悉尼特点的纪念品。悉尼及来自国内外的艺术团体，会在游艺节期间在悉尼各大剧院演出助兴，当然，在游艺节所在地的路旁、草坪，少不了会有把弦管、丹青化作稻粱谋的"街头艺术家"，他们的即兴表现也会为游艺节的游客增添不少情趣。此外,还会有些单位来开设展览,例如军人生活展览,让十八九岁的青年了解军中紧张而又多彩的训练生活;以及城建、环境保护、生态等的展览。因此,过去几届的游艺节,无论日夜,总是人潮涌涌。如今我在除夕看到这个热闹场面,预示今年的游艺节也一定是热闹非凡。

果然,元旦上午我再度来到海德公园,许多人已经在那儿畅游了。白天的游艺节,又是另一番景象。阳光照在漆得发亮的五颜六色的"风车""飞船"等巨大的支架上,反射出有趣的光斑。许多为游艺节工作的小姐穿着红色的游艺节T恤,头上戴着一双像米老鼠似的耳朵,显出一种奇异的情趣。游客中有些是"全家总动员",我看到一对四十岁左右的夫妇到了以后,给他们的三个小孩每人几元,让他们选玩他们喜欢的游戏,他们俩则坐到一旁要了两杯咖啡,悠闲地欣赏着这热闹的气氛。

一对看来是情侣的青年,登上了翻跟头的风车,男的故意乱转方向舵,吓得那女孩子哇哇直叫,但是还忘不了搂着男孩子亲吻。七八个三四岁的小孩坐在平底小火车上,一本正经地摆弄着完全不起作用的方向盘,俨然一个个小司机。看来,每个人都可以在这儿找到自己的乐趣。

公园路北侧的海德公园内的游艺节村,光景又不一样。这里有免费的"奇异水上表演",还有几个展览宣传台。最引人注意的则是新南威尔士州教育部门办的一个"教育之角"。这里是让孩子们发挥自己的聪明才智的地方。有一处给孩子们提供厚纸颜料,让他们制作自己想象出来的面具;"绘画营"是孩子们用色彩表现自己理想世界的地方，我来到的时候，营的四周已经挂起了几百幅孩子们即兴的作品；有一处是专在书页上作画的，陈列出来的作品显得五光十色，棉签作画则适合尚未能握好笔的小小孩；最吸引孩子的看来是"丝网印花"，孩子在纸上剪出自己写好的字或画出的圆形，在那儿义务服务的艺术学校的大姐姐就会帮他们将字形或圆形放在丝网下，在丝网上涂上孩子们选择的色彩，把字或图印在一块布（看来是服装公司裁下来的碎料）上。一个小孩剪了一只猫，大姐姐教他在印出的圆形上加字形"I♡MUM"（我爱妈妈），大姐姐帮她把布块剪成小旗子大小，用一根塑料杆糊好，小女孩兴高采烈地把小旗子扬给妈妈看。一个小女孩剪了"XINI"，人们问她是什么，她听不懂，我用普通话对她说了，她有点忸怩地说了"悉尼"两个字。我向大家解释，这是这个美丽城市的汉语拼音，大家鼓起掌来，还有人举起了照相机。后来女孩的家长告诉我，他们是不久前才从北京到这儿定居的。另外还有迷宫、爬网等游戏，也吸引了不少小孩。

看来，这个游艺节真是老少咸宜，备受欢迎。最不高兴的可能是世居在海德公园的鸽子了，因为它们的世袭领地在这个月将会被欢乐的人群占领。

艺术教育的有心人

承陈予群、盛中华伉俪的盛情，远隔重洋给我寄来了盛中华的新著《小提琴演奏与练习》。这是盛中华多年艺术实践的心血结晶。看到她在艺术研究上又取得新成果，我由衷感到敬佩。

在《前言》中得知,予群兄也为该书的成功编撰做出了贡献。更使我高兴的是,这本新著在这儿带来了一段艺术教育的佳话。

这事要从一场电影说起。一次,我去悉尼的一间电影院看一部描写一位琴童艰苦成长的美国电影。看到琴童在穷苦中挣扎,却仍然刻苦练琴,我眼眶一热,竟然不自觉地像小孩一样用手背擦起眼泪来。我的邻座恰好是一位华人小姐,黑暗中见她打开手袋取纸巾,自用外居然还递给我一块。散场时,我们相互瞧着对方还有点湿润的眼睛,我不好意思地说:"让你见笑了,我这么大的人还为小孩掉泪。"她却说:"不怕你笑话,我真的为我的'琴童'掉过几次眼泪。"

从交谈中得知,她姓金,教育系毕业,现在一所小学教音乐。一年前开始,义务教她邻居——一个当时是八岁的小女孩拉小提琴。小孩的父母是几年前从香港来的移民,家境如何,金小姐没有明说,但从金小姐提到的之所以为小孩选学小提琴,是因为普通的小提琴容易买得起,可以略猜到一二。金小姐说的"我的'琴童'",就是这个小女孩。

小孩沉静好学,也有天分,进步很快。近来,金小姐觉得,她自己的小提琴水平,在指导小孩方面,已有"捉襟见肘"之感。请小孩家长"另请高明",又怕她们误会是钱的问题;教下去,她却担心"误人子弟"。她为这回事急得哭过几回。

于是我想到手头上盛中华这本新著,也许会对她有点帮助。我对她说了以后,她很感兴趣,说她记得中国的这位小提琴家曾在20世纪70年代到过澳大利亚参加演奏。她到我住处拿了书。过了几个星期她说,书中练习的重点抓得很突出,要领点得很到家,所选的乐曲很能解决问题;书里所说的,她自己先练习体会,然后按要点来指挥她的琴童,近两个星期,已有一些效果,她开始恢复了一些信心。"所以,我把书的一些重要部分影印了,这可能违反了版权法,但我相信在人情是容许的,不是吗?"她笑着说,说完把书还给了我。我感到高兴:琴童可以继续学琴了,而且也说明盛中华的这一著作是有实用价值的。

以后,每隔一两个星期,金小姐会来我处坐一坐,谈话中一定会提到她的琴童的进步。我明白,琴童的进步,在某种意义上来说,就是金小姐的进步,这里面包含了金小姐的热忱和心血,也体现了盛中华艺术研究的成果。

有一次,她突然风尘仆仆来到,她说给那小孩增加了授课时间,自己也得增加时间"备课",所以比较忙。原来她要到英国读硕士,她希望能在离开前帮助琴童把盛中华书中提到的技巧练完,所以赶得比较紧。她说她念硕士准备研究"儿童艺术教育的心理过程"这个课题,因为她体会到,对儿童进行艺术教育,不但教态、教学语言要适合儿童心理,而且在教学内容上要突出重点、抓住要领方面,也要注意儿童的心理特征。她说,后一点是在使用盛中华的书时逐步得到的一点启发。

徐盛桓不只是记录和评述悉尼的异域风情,对于在那里的华人的生活也同样关注,通过他的视角,让国内的人们对于自己同胞在国外的生活、工作、学习经历有一个真切的认知,对于中澳文化的交流有所了解。

悉尼华人舞蹈热

最近,悉尼的华人青少年出现了一个小小的舞蹈热。看来,此"热"还会持续一段时间,而且会有"热风西渐"的趋势,扩展到堪培拉、墨尔本、珀斯,以及离岛的塔斯马尼亚。

此"舞"指的是中国传统的民族舞蹈。每个星期,在悉尼中文学校和澳大利亚中国华侨青年社(下文简称侨青社),都有几个舞蹈班在上课。这些舞蹈班,从初学举手、投足、步法、眼神的初级班,到已经学排中国少数民族舞蹈如新疆舞的中级班,还有进而研习有一定高难度动作的京剧舞台表演程式的高级班。由于授课的场地不太大,一个班二三十人挤在一起,倒更增添了热烈的气氛。有的学员才四五岁,有的已经二三十岁了,虽然不一定都在同一个班上课,但彼此都是同学,汇聚在一起,侨青社的工作人员说,这种踊跃的盛况,是侨青社以前的各种学习班所少有的。

舞蹈热的掀起,为的是学习和发扬中国文化,促进澳中文化交流,加强澳中人民的友谊。悉尼华人不少,华裔青少年希望更多地学习和了解中国的文化艺术。悉尼的一些华人社团在澳大利亚有关当局的支持赞助下,已做了很多工作,包括开办中文班、中国武术班,组织青年"寻根"文化学习观光团等,但中国舞蹈研习机会较少。这次由侨青社筹划邀请,并得到澳大利亚澳中理事会的支持赞助,请来了北京两位舞蹈家前来主持中国民族舞蹈学习班。参加学习的青少年和他们的家长说,参加舞蹈班的学习,不但可以娱乐身心,而且以后澳大利亚的各民族联欢或欢庆中国传统佳节的节目就更丰富了。

舞蹈班盛况空前从而形成了青少年中小小的舞蹈热,这同请来的专家"阵容鼎盛"不无关系。应邀前来主持任教的王世琦先生、张宜秋女士,都是中国舞蹈家协会的理事级人物,前者任中央芭蕾舞剧团创作室编导,后者是中央歌舞团舞蹈队队长兼舞蹈教员,他们积累多年编、导、教、演的经验,基本功抓得扎实,要领讲得到家,示范做得明确,纠正动作一下子就说到点子上,所以许多人都学得很快。他们上午在中文学校上课,接着又赶到侨青社开班,紧张程度可想而知。他们热心为侨胞华人服务的精神,受到了人们的赞扬和敬重。

学员当中有些是四五岁的小朋友,难得他们有意想不到的专心和耐性,学得非常认真,也难得他们的家长给他们适时的照料和鼓励。这些家长说,他们的孩子虽然是在澳大利亚土生土长的,但也希望孩子们得到中华文化艺术的熏陶。这番话,说出了许多学者及家长的心声。人们也赞扬一位土耳其青年勤学苦练的精神。过去,他练过中国的功夫,武打的程式有一定基础。这次他参加了一个班的学习,另外还参加了京剧《三岔口》的排练。由于文化背景的不同,他要领会和掌握京剧的表演程式,当然有困难。由于他肯学肯练,现在走起台步来已经似模似样。

12月中,悉尼学校开始放暑假,侨青社准备举办一个以学生为主体的中国舞蹈夏令营,届时,又会出现一个新的舞蹈热潮。主办单位侨青社已经同王、张两位老师商定,以后还要到悉尼以外的几个城市开班传艺,这肯定会为加深澳中友谊做出贡献。

龙舟赛到悉尼来

4月13日,悉尼歌剧院附近的农场湾靠近皇家植物园一带,歌声鼓声此起彼伏,赛龙夺锦热火朝天。一年一度的悉尼龙舟大赛在这里举行。

上午九时半,第一组初赛即将开始。八艘龙船一字排开,犹如箭在弦上。龙船头因藻绘而呈瑞,划船手因挺拔而凝姿。一声"预备"令下,枪声催船发,一时船上鼓声吆喝声喧天,岸上欢呼声助威声回应。如果不是听着现场广播说着英语,远望这场面,人们真疑是到了中国南方端午时节的水乡。

悉尼举行龙舟赛,是全澳大利亚龙舟赛事活动的一部分。从年头到年尾,全澳还有好几个城市陆续举行龙舟赛的。澳大利亚总理霍克和新南威尔士州的州长,都为龙舟赛题了词。龙舟活动,丰富了澳大利亚各民族的文化生活,进一步促进了华人同当地人的友好相处。竞赛的场地,人人喜气洋洋,像过节一样热闹。

悉尼的龙舟赛,今年是第三届。去年第二届中国的顺德队一举夺标。今年的规模比去年更盛,共有约80队参赛,分10组初赛,还有复赛、决赛。一次龙舟赛有上百艘(次)龙船争渡(包括复决赛),这样的盛况,就是在龙舟的故乡中国,也是不多见吧。只是赛程较短,为500米,船也是22人的较小的龙船。但正唯其如此,才适应群众性这一特点。

看看有些什么队参加是很有意思的。除了有华人社团、华人文化团体、华人学生的船队参加之外,还有悉尼的大学学院、银行业、地产业、旅游业、报社、业余体育协会等的船队;除了有女子队之间的竞赛外,好些队都有女队员参加,女鼓手的人数就更多了;队员也不完全限于青年。由此可见参赛人士范围之广泛,换句话说,龙舟活动,已为悉尼各阶层人士所喜爱。看看对着海面的数不清的摄影机,就不难看出人们对这一活动感兴趣的程度。有一家电视台派了一辆摄影用的专车驻在终点抢拍冲线的精彩镜头;几架直升机在海面上盘旋,抢拍海面和岸上的动人场面。一位工作人员告诉我,在悉尼,赛事活动能够得到电视台的如此青睐还是不多见的。

要问为什么要在4月中旬举行这样一次龙舟赛,原来这也是一次选拔赛。这次比赛的胜出者,将代表澳大利亚于6月亦即中国的端午节前后到中国参加国际龙船比赛。过去,这类赛事多是亚洲的国家或地区参加,现在澳大利亚也表现出兴趣,这可算是澳大利亚推进多元文化社会的构想取得进展的又一事例。

看看农场湾沿岸的几里长路,真是一条欢乐的长河。穿着各种特色队员服的划龙船手在人群中穿梭走动,啦啦队的鼓动声此起彼伏,有些队舞动着醒狮开赴"战场",几面绣着"赛龙夺锦""力争上游"的旌旗飘扬在临时张起的荧幕上空,在金发碧眼的人海中显出了这类赛事的民族特色。观众显得非常热情。他们当中不少是划龙船手的家属,当看到自己的亲人熟人出现在龙船上,就忙着招呼、拍照、打气,好像比自己去划船还要紧张。还有好些是全家大小一起来的,带来了食物,趁这个机会在山明水秀的皇家植物园野餐。有几小队童子军在老师带领下也来观看比赛,他们看来是来自悉尼城外的。有十多个青年背着照相机赶来,原来他们是一家摄影沙龙的学员,今天趁机实习。欢乐热烈的气氛,一直持续到下午5时多赛事结束。人们对龙舟赛表现出越来越大的兴趣,预示着下一届必将取得更大的成功。

悉尼的英文学校

谈过悉尼的中文学校,再谈一谈悉尼的英文学校——这里指的是帮助新来者尽快适应这里的语言环境的英文学校。

有的私立的英文学校每周学费高达百多元,也有许多政府办的一切费用全免,有些人还能拿到读书津贴;有些学校培养对象是新来的移民,有的则是培训新到的留学生,此外还有旅游者的速成班;有些学校全日制上课,有些夜校则方便白天还要做工的人;"妈妈班"上课时有临时托儿托婴室让你安心学习,如果因怀孕或其他缘故行动不便,还可以派教师登门教授;私人、政府、公众社团、教育部门等都有办学的,总之,一句话:尽量适用各种不同人士的需要。

亚洲一些国家来的公派留学生,很多人会先在"英语培训中心"(English Preparation Centre)接受两到五个月的英语培训。学生初到外国,人地两生,虽然多少懂得一点英语,心里仍不免忐忑。英语课程先教你应对找房子、去市场、打电话、见导师,三两个单元学下来,不但敢开口说了,而且对悉尼的生活环境也熟悉了。一次,我有机会旁听他们的一节"去悉尼大学图书馆",教师带着六七个学生来到图书馆,实地教学生如何利用这个知识宝库:从申请借书证、查资料、翻卡片、咨询到找书。最后,她给每个人一个书名,书借到手,这一节课算是学好了。作为上课内容之一的参观悉尼旧城、新州艺术馆,以及为每个学生联系一个"友好家庭"等,都是备受欢迎的。结业前,每人要就自己的学科做一次模拟的课堂讨论发言。教师除了对课堂讨论的各种常规内容给予辅导外,还结合实际,指点应付突发性提问的一些窍门,如何接过提问的话题说下去,如何转话题等。经过了这样的临阵试枪,进了大学就不难马上上阵了。

新移民上的英文课又不尽相同。小孩移民到这里来,不久就可以跟小学各年级上课,因此上这类学校的大多数是中青年。我也旁听过一个华人在"妈妈班"上课,八九个人围在一起,都是基本上不会讲英语的。那天教的是如何填表,表的内容比较简单:姓名、性别、出生日期和地点、民族、抵澳日期等。教师(一位华人女士)准备了一些阿拉伯数字卡片、地图、人的头像等,整堂课没有讲一句中文,妈妈们却学得头头是道。练习时有时是自己按实填写,有时是教师虚构一个身份,报出来让学生替"她"填写。我的房东太太是这个"妈妈班"的学生之一,她正要替她两个月大的婴儿填表申请"牛奶金",这次学了就能用,她十分高兴。学以致用,看来是这类英语班的一大特点。例如,有些移民是穆斯林,他们英语课本中说的是买牛羊肉;法律、医疗、保险、劳工、就业等问题,攸关新移民的切身生活,这类问题的内容常录成英语录音带,既有助于学英语,又增加了对这些问题的了解。

也有函授。这主要是为一些想提高笔语能力的人开办的,学员中不少是"老"移民。他们的练习有一些是语法练习。我的一位华人朋友已在公司任职多年,工作中运用英语已绝无问题。谁知他做的填空题和选择题被老师用红笔改正得不少;他做改错练习有些越改越错。这类学习班,有助于提高语言素养,提高运用规范语言的能力,不只是日常能应付就了事。这较适合于过去未有机会受过正规英语教育的人。"临'老'学吹打",犹未晚也。

当我告诉徐盛桓老师找到了一些"悉尼随笔"时,他非常高兴;跟他提到一些有趣的细节,他也很惊喜,说访学期间收获良多。能够有机会把这些随笔和大家分享,他亦感到欣慰。我同他开玩笑说:"认识您这么久,读了您的这些随笔才了解到原来您也是喜欢游玩的人!"他笑答道:"那时候年轻嘛!自然喜欢到处走走。不过好奇心从来都没有减少呢!"他特别嘱咐我不要太侧重于他在语言学方面的具体研究、科研成果。因此,本书较多聚焦他的日常、兴趣爱好及心得分享。

澳大利亚日的仿真旅程

人群骚动起来了,两名"罪犯"蓬头赤足,由身穿红衣的"军士"带着走过来……这是1月26日在悉尼麦考利广场举行的纪念澳大利亚日仪式最具戏剧性的一幕。看着这些"罪犯"和主席台后的一个黑沉沉的大锚,不禁使人联想起澳大利亚日的由来。

1788年的今天,"第一舰队"在天狼星号的带领下,在现在的悉尼登陆;船上载着第一批移民——1000多名白人,而其中人数最多的是被流放的罪犯。澳大利亚人把这一天作为广义的立国纪念日,年年都要举行仪式纪念。那个安置在广场上的黑沉沉的大锚,正是天狼星号的锚,在这个广场上来举行仪式,看来不会是随意的选择。

仪式是传统性的。讲话,唱颂歌,升旗,鸣枪……年年如此,但是今年的仪式似乎更为吸引悉尼人的注意,因为在这之前陆续公布了提议中的在1988年庆祝"澳大利亚日"200周年的活动计划,其中最令人感兴趣的,就是邀请现在的澳大利亚人重游他们的先民200年前从英国乘船来到这块土地的路程。难怪仪式结束后,人们都围着"罪犯"和红衣"军士"问个不已,同他们合影留念。对模拟的"罪犯"和"军士"都表现出这么大的兴趣,想来令人身历其境的这次仿真旅程一定会吸引很多的人。

事实上,虽然离航行日期还有一年多,这次令人身历其境的仿真旅程的船票,已经出售两成多了,尽管票价是3万多元。这次可容1000多人参加的旅行,是由墨尔本大学的一位历史专家策划的。他的曾祖父是当年"第一舰队"上的一名低级军官。他曾到过世界各地,特别是当时"第一舰队"经过的里约热内卢、开普敦、毛里求斯等地调查,前后花了近10年时间去筹备,制订了这次航海的计划。粗略地说,是仿制十一艘当年的横式帆船,沿着二百年前的航线走一次,即1987年5月13日在朴次茅斯港出发,经过伦敦及上文提到的几个地方,在海上航行19 200公里,历时200多天,于1988年1月26日抵达悉尼,然后

三 悉尼经历

举行登陆(这一"登陆"有两层意义:先民的登陆和他们的登陆)的仪式。现在已经耗资700多万。想来两年后悉尼在澳大利亚日举行的仪式,一定会比今年的更为隆重、热烈和壮观。

仿真只能是"仿"。当年"第一舰队"的船有木栅和铁丝网将流放的犯人隔开,防止他们造反;船舱堆满了供沿途和抵岸后吃的已发霉的米面肉菜;甲板上堆放着在沿途搜集来供抵岸后栽种的树木和供日后繁殖的牛羊马鸡等。这些使当年的"旅客"航行条件十分艰苦,仿真的航程当然不会如此了。有关方面已经说明,虽然是帆船,但设备十分完善,旅途是十分舒适的。当年船上的娱乐工具是随船医生带来的一架老式钢琴,这次旅程必然是夜夜弦管、晚晚丝竹。用不着说,船上还会有各种活动,让参加者缅怀先民,重温历史。最后这一点,正是这次航行最引人入胜的地方。

把这一活动作为纪念澳大利亚日200周年的一项隆重的活动,也许多少可以反映这里人们思想的一种变化。以前有些人会讳言自己是流放到这里来的罪犯的后代。后来人们认识到,这是历史,同立国有着密切联系,这些先民开拓的业绩不应忘记,他们当中有许多人为造福后代做出了贡献,如建筑师格林为城市建筑出了大力,他的头像甚至印在钞票上。1969年,有人倡议成立"第一舰队"后代联谊会,编印"第一舰队"人名册。

今年的庆祝活动过去了,人们筹备、期待着庆祝第199、第200周年的活动。

悉尼帕蒂市场记趣

帕蒂市场可算悉尼一景。《悉尼导游》小册子说它"有趣""奇异""省钱",应是旅游者"必到之地"。对于居住在悉尼的人来说,其生活同这市场有密切关系。开放之日,许多人都来采购一周的必需品。难怪要将现市场所在地改建为广播城的计划在提议时,有报纸专门发表社评讨论此举之得失。

在唐人街附近的帕蒂市场,每星期六、日开放。这两天七八点钟,就开始有人用车子运载各种商品来这里设档。据介绍,档位上千,有蔬果蛋肉、盆栽宠物、时装衣料、书画玩具、音响设备、首饰、美味小食……一般日常家用的东西,来这里做个"一揽子"采购,很少落空,价钱一般也会稍微便宜;不过华人的某些特殊口味或用具,如腐乳等,还得另移玉步。

对我来说,逛帕蒂市场,却像逛博览会。一个月我会去三两次,买的东西不多,逛的时间不少,自有一种情趣。

市场使我增广见闻。看看市场里一年四季的蔬果花木的变化增减,犹如看一本大的活生生的自然教科书,所得的有关知识,比我在来澳大利亚前,捧着几本有关澳大利亚的"概览"一类的书进行"恶补"所得,要更深刻生动。"吃"昆虫的植物,我心仪已久,在植物园里找不到,倒是在市场见到了多种。齐胸高的剑兰和小足球般的仙人球,以及好些连我一位从中国来的研究生物的朋友都叫不出名字的奇花异草,真是叫人开了眼界,他赶忙用相机照下了。叫不出名字也不要紧,因为许多花盆上都会有一张综合了栽培者(往往也是摆卖者)的书本知识和实践经验的说明,那位朋友就曾老老实实地抄录了一些。

看小工艺品的档子的确赏心悦目。这里虽没有免税商店里用水晶、蛋白石精工造出来的高级精品,但常会看到一些心灵手巧的制作,别具匠心,清新可爱。用桉树子、松果等坚果壳黏结成的滑稽人像,富有民族风味,显出一种古朴情趣;用碎布料缝制的相架和相册封面,典雅名贵;有些贺卡色彩缤纷、玲珑浮凸,原来是用野花蒸馏压干粘在纸卡上制成的。这些化平淡为神奇的创造我虽难以学到,欣赏之余,仍然大有启发。

市场里的时装一般都是较低档的,但有些T恤却显得别出心裁。一件粉红的T恤胸前领口有十多盏小灯忽明忽暗;还有一件T恤胸前斜插一把小刀,溅了一摊"鲜血","小刀"不是铁的,却是立体布局。两件T恤都特别标明可洗。参观后一类的T恤虽未必能感受到美感,但能从中推测西方社会心态之一二,也算是一种收获吧。

市场里常见一位多用磨刀工具的推销员,拿着工具,边操作边讲解用法。记得我"初到贵景"的第一个星期,听澳大利亚口音仍十分不习惯,平时听澳大利亚人讲话还有些困难。我来到市场,钻进他档子前的人群里,看着他示范操作,听着他不徐不疾的讲解,虽也是满口澳大利亚音,却十分好懂。以后他又推销过吸水抹布、榨橙汁器等,我都多次反复听他讲解。他肯定不知道,正是他用"直接教学法",帮助我逐渐熟悉了澳大利亚口音。他推销的磨刀工具我也买了一把,用起来却不像他说的那么灵光,不过,我仍然十分感谢他把我用来听澳大利亚音的耳朵"磨"尖了。这个故事也许可以说明,观赏市场里琳琅满目的商品固然是件有趣的事,有时注意一下推销商品的人,说不定也会有意想不到的收获。

我发现,帕蒂市场里推销商品的人手法还不少。

一次,我来到一个书档前,他们协助推销一套小百科全书。其中一个人热情同我打招呼,在谈话中他问我从什么地方来。我说是广州,他从"小百科"中抽出一册,指着一个条目说:"这就是你说的城市吗?"他看了一会,以赞叹的口吻说:"美丽的城市!令人向往的城市!"他援引条目的叙述,简要地把广州描述一番,又把书摊到我面前,指着几行念起来。念完,对我说:"你来自这个城市,最有资格评论,这本书对你们的城市的说明,其信息的准确性、详尽程度和新鲜感怎么样?"人们便围上前去看书页上精美的图片和地图。当然他没有忘记补充价钱如何相宜、订购有什么优惠以及订购手续等。说实话,我的确被他的宣传打动了。

又一次,我来到一个经常光顾的档子买食品,发现鸡价涨了,我抱怨一番。档主说:"涨价我也很不开心,我也不想老主顾多花钱。这样吧,你是熟客,这次减点价。"你看,卖方同顾客立场统一,你还能抱怨下去吗?这种"以退为进"的手法,在一档电脑算命中也看到了。

要算命的人抽出10张"算命牌"依次排行,把信息输进电脑后,电脑就会以打字形式列出他未来12个月的运程。最后,键盘会打出几行字,大意是:本机器按运程直说,如有冒犯,请原谅。这使得我记起过去有些自命"铁嘴鸡"的相士卦的"依旧直说,恕不奉承"的牌子。

当然,不少人是以良好的商业道德来争取顾客。一位北京来短期访问的学者要买一部彩电回去,市场一个音响器材店主要他到他的店子里买,价钱优惠,保用。谁知回北京一试有声无形,原来是这家公司的电视机的中国线路不同于澳大利亚线路。这位学者写信给当时陪他去买的老黄,请他代向店主交涉。老黄怕会有一场真正的"交涉",邀我同去"助阵"。店主说,说了保用,让该公司在北京的维修店调整一下线路,费用他负责。不久,该学者又来信了,并附来了维修费收据。老黄将信和收据给店主看(他是华人),他果然依约付钱。钱不多,只是澳币20元,却买来了他守约的商业信誉。

在市场讨价还价或听别人讨价还价,有时可以令你突然领悟市场学的某些诀窍。档主及其助手的语言,很多时候都是很中听的。有时,档主帮着一位老太太把买的东西放进购物车里说:"老妈妈,谢谢你的光顾,祝你今天过得愉快!"你虽然逛得有点累了,但听到这样的语言,会引起你感同身受,也觉得逛这个市场是愉快的。

悉尼讨钱人

可以毫不夸张地说,我在悉尼的不愉快经历之一,是遇上讨钱人。不过,在叙述我这种经历和感受之前,我得补充一笔:我对某些"讨钱人"是很敬重的,他们是为某些慈善公益社团讨钱。例如,有时在街头会看见"全副武装"的小童子军为残疾儿童募捐;有些人在闹市或公共场所为慈善机构募捐,他们胸前会别上明显的标志,手里拿着一个袋子和收据,有礼貌地向你说明情况，收到钱放进袋子里一定请你签写收据并道谢。有一次，我在国际机场看见4个十四五岁的华人女学生替一个保障听障人士儿童的基金会募捐，有两个华人男青年追上去，嬉皮笑脸地向她们说些俏皮话，想给一点钱讨点小便宜。只见4个女孩心不慌、脸不红，大大方方接过钱，撕了收据，转身走了。其中有个男青年还不死心，叫住她们说，他愿意再捐，只要索一个吻。身材最高的一个女孩接过钞票说："多捐欢迎，但我们只懂得捐款，其余的事不懂，你要接吻找别人吧。"她们为公益事业以不卑不亢的态度应对"难题"，给我留下十分深刻的印象。

不愉快的经历往往来自遇上突然从角落里闪出的不速之客。一次我在某火车站经过，突然一个老头走近，嘟嘟哝哝向我要50仙买酒，他的口气散发出浓浓的酒味。我望过去，在花坛旁有三个衣着褴褛的老头坐成一个"四缺一"的阵势，一瓶酒在三个人手里抢来抢去。我明白他就是"四缺一"中的那一个。他手里拿着三两个20仙的硬币，估计是一些好心人给的。我没有当好心人，说了一声"对不起"继续走路。这种遭遇，大概每周都会有，他们大多是老头，偶尔也会有女的，白人和皮肤黝黑的土著。有人还善于利用时机，例如，在一条不宽的小路上摇摇晃晃地堵在你的面前，或者在你等绿灯时追上你，让你无路可避。还有一次，在暮色苍茫中我经过一个较静的火车站，突然一只大手拍我的肩膀，问我对白人友好还是对土著友好。我明白，这骨子里还是讨钱，但这问题回答不好可能吃亏。我说："我是澳大利亚的客人，我同悉尼人都友好。"这里偏僻，看来只好做一次"好心人"了。我庆幸那天带了点钱，也庆幸带钱不多。许多这样的讨钱人,都是在我经常出入的地段上多次照面的"老朋友",有时还会看见他们跟跟跄跄地在路旁走过,脸摔破了,酒瓶子摔碎了,酒流了一地……

讨钱的年轻人却少有如此坦白。他们多是突然闪出或不知从何方突然追上来,向你讨一元或几十仙。至于讨钱的理由,有些说要打电话,有些说缺钱坐巴士,有人说太渴了想买盒饮料。一次晚上七八点钟,一个20岁左右的女孩问我要几个20仙的硬币,说钱用光了,要打电话让家里开车来接她回家。对于这些年轻的讨钱人,我初到悉尼是不生疑心的。后来读了一位马来西亚的留学生的短文,说经她多次细心观察,这些人讨钱其实是为买烟抽或凑钱买过期廉价的《花花公子》,她短文的题目就是《不要上当》。于是我也留心做些观察,果然发现这些伸手派不乏熟脸孔。例如,上面提到的那个女孩子,我又一次"邂逅",这次美丽的理由是:她出来散步回去后发现同住的女友也出去了,门锁上了,她忘了带钥匙,现要打电话要女友马上回来云云。我始信提醒"不要上当"不无事实依据——当然我不是说各个如此。

说这样的经历不愉快,除了感到受惊或受骗外,还因为看到这样的人,有一种压抑的感觉。一般说来,这里社会福利不错,温饱是不成问题的。一些无家可归的老人,借酒度日,钱随酒流走了。至于青年人,生活本来不成问题,比方说,那个女孩子,用她编美丽理由的天才来对待生活和工作,我相信她的生活一定会过得好得多。

悉尼上空看彗星

天时地利人和在一起,使我有幸清楚地看到了太空上的"流浪汉"哈雷彗星;不然,待它再度"浪迹江湖",下一次"倦飞知还"的时候,我恐怕已经无缘再会了。

那是在4月12日晚9时。一支银鸟把我们送上了天空,穿过云层,来到了一片清光淡淡的世界。星星变亮了,银河仿佛就是身边的一条波光闪动的小溪。话筒传来了特邀的天文学家讲述的同哈雷彗星有关的生动有趣的知识——我们这架飞机,是航空公司组织的专门观看哈雷彗星的专机。

我是同一位朋友相约一道登机观看的。天文学家所介绍的内容,我在近几个月悉尼的"彗星热"中读书、看杂志、看展览、听报告、参观天文馆等,大体是已经知道了的;但一想到马上就可以在较近的距离——这当然只是同脚踏地球相比——观看这颗彗星,就觉得他的提纲挈领式的说明,很有提醒作用,尤其是他在讲述中综合了近几个月来美苏等国的太空探测器对哈雷彗星的观测所得到的最新发现,由此而做出的种种引人入胜的推测,使我要尽快一睹哈雷彗星真容的希望更为强烈。

飞机在云海上浮动,星光在机舱外闪烁。我注意搜索着南十字座,因为我们早就得到提醒,彗星离几个星座不太远,其中包括南十字座,而南十字座是在这里较易辨认的一个星座。我留意听着话筒里传来的提示,眼看着窗外单调的景色缓慢地向后移动……忽然,前面一个人指着窗外说:"看到了!看到了!"我沿着他指的方向搜索,看到一个比其他星光稍淡的白光点,再

三 悉尼经历

仔细看下去,后面果然拖着一小截略微散开的尾巴,这就是哈雷彗星了,他处在半人马座和豺狼座之间。我和邻座的朋友都靠在窗前,拿起望远镜,调好焦距,定定地对着前方的这个目标。机舱里顿时出现一片活跃的气氛,人们一边看,一边同自己身旁的人说着什么,也许说的是自己看到的情况,也许说的是自己的感受、比喻、推测……估计谁也没有在认真听别人讲,不过这又有什么关系呢?大家热烈的谈笑声,是兴奋心情的流露,有幸参加这几十年才逢"闰"的观测活动,现在果然看到了,这兴高采烈的心情当然要表达出来。坐在飞机上看过去,倒像哈雷彗星在移动着。这动感更增添了联想,仿佛感到哈雷彗星挟裹着一团冰雪在滚动,尾巴在汽化……

登机凌空看哈雷彗星,是在悉尼广泛展开的观测活动的内容之一。澳大利亚地处南半球,同南非、新西兰等,同是今年世界观测哈雷彗星最佳地点。悉尼地势较为平坦,晚上夜空晴朗的机会比较多,是澳大利亚理想的观测点之一,从去年底起,悉尼就开始出现一场持续的"彗星热"。

报纸杂志常以大量篇幅,介绍或报道哈雷彗星的过去、现在与未来;书店摆出了五六种新出版的有关哈雷彗星的彩色精印的科普读物;天文馆安排了专场的天象演示及有关展览;望远镜的销售量猛然大增;摄影沙龙加开了天文摄影讲座;悉尼的海港大桥和其他一些地区,有几个晚上专门把灯关掉,以免灯光的映射干扰了人们的观测;得"海阔天空"优势之海滩,晚上常站满了观测的人群,人们甚至在邦迪海滩组织了一次"哈雷晚会"……这一切多少可以反映出,哈雷彗星在悉尼还是有比较广泛的群众基础的。

"彗星热"在日常生活中也反映出来了。有一次,电视在新闻节目中报道,有百货大厦的橱窗陈列出哈雷彗星的专题,T恤、手提袋、杯子等日常用品及本子的封面,出现了不少以哈雷彗星作为装饰图案的,玩具、灯饰等的装潢设计,不少同哈雷彗星挂上了钩,有一个人甚至设计了一个彗星发型。

1985年9月,一册日记的发现给开始酝酿的"彗星热"加了一点温。日记的年份是1910年,其主人在5月14至20日这7日中,详细地记下了他观察哈雷彗星的细节,表明哈雷彗星的上一次回归已吸引了澳大利亚人的注意,而且澳大利亚当时也是良好的观测点。这进一步激起了人们观看彗星的兴趣。

"彗星热"当然最集中地表现在观测上。1986年1月,一些小册子给观测爱好者带来一个好消息,这个月中旬有几天,只要夜空晴朗,天文台肉眼都可以看到哈雷彗星,还预告,3月和4月也有良机,3月上旬哈雷彗星出现在东方,而4月份的亮度比3月更大……

4月5号清晨3点多,我同友人驱车到离邦迪海滩不远的一个高地,因为据预告,哈雷彗星在这天凌晨4时左右出现在天穹较高处,易看清楚。莫道君行早,更有早行人,我们到达时,已有好些人在活动了。身边晨风习习,远处灯火明灭,给这次"凌晨行动"增添了一种新奇的情趣。可惜当时云层较厚,哈雷彗星出现的方位虽然有利观者,但天公未给予最大方便,看到的只是一个忽明忽暗的哈雷彗星影子。虽未尽如人意,但也算有收获了。

4月里还有好几天是悉尼的最佳观看日,也是一般非专业人士观看的最后时机。不巧3月底4月初有好些天的天气并不使人乐观,例如6号下午还有点阳光,晚上10时后竟然飘起细雨,12号的6时许也下过雨。不过,我对天气还不十分介意,因为去年11月在朋友的大力怂恿下我已经预定了登机看哈雷彗星的票。航空公司组织这一活动,除了生意之外,也算是利用天时地利的条件,为普及科学知识、丰富人们的文化生活做一点工作吧。票价最低90多元,还有二三百元的,可是订票还不是太容易,只订到第二次近地日的次日。飞机带着我们进行了大约30分钟的科学旅行,回到地面,我们游兴未尽,又赶忙驱车前往海滩附近的高地。那里人已经不少,大家都珍惜这最后几天的宝贵时机。

去年除夕夜

去年农历新年,是我出国后在悉尼过的第一个年。年前,好些华人和澳大利亚的朋友都邀请我到他们家去过年,盛情难却,最后我答应了曾来中国讲学的一位学者,到他们家吃过年饭守岁。

天有不测风云,去年1月初,我曾不慎卡了一条小骨在喉,当时未能取出,以后常有发炎;2月中旬起越发严重,这样,我在春节前几天住进了医院,年夜饭的邀请也只好辞谢了。医院替我做了彻底检查,可能骨已为咽喉壁表覆盖,未能发现。既然入院是为了取骨,现"无"骨可取,医院任务就算完成,通知我可以出院,其时是2月15日星期五下午。没有发现骨不等于没有骨。它仍在作祟,使我咽喉发炎,身体发热不适。星期六、日,我无法到医生处就诊，取得处方，而没有医生处方，消炎药抗生素是买不到的。前几次开的红霉素一类的药早已用完，我只好准备咬咬牙躺在床上干熬这两天了。

星期六下午，正当我昏昏沉沉躺着的时候，听到有人敲门。勉强爬起来开门，见门外站着3位女士，其中一位看起来是华人。她们拿着圣经和一些小册子，包括中文的。她们说是来宣传基督教教义的。我告诉她们，房东方先生夫妇每天一早去餐馆料理，晚上12点1点才回来，我是这房子里唯一能听她们宣传的人。作为一种文化了解，我并不拒绝，虽然我不会信教，但眼下精神不佳。

她们商量了一番，对我说：她们中2人将继续去传教，而让华人张女士暂时留下来，看看怎样才能给我一点帮助，问我意下如何。我当然并无不可，只是抱歉要在病床上才能继续交谈。

张女士听了我进一步的说明后，认为首先要解决的问题是设法弄点药。她叫我稍候后离去，不久又回来了，手里拿着从她家里带来的喉症丸和牛黄解毒丸。我当然十分感激，并要给她钱。她说家庭药箱从来都是便人便己的，哪有卖药之理。我感到十分过意不去，一再向她道谢，不止谢她的药，更谢她和她的教友关切的诚意。星期天，她同她丈夫一起来看了我一次。吃了药，当然好了一点。在谈话中知道她们是工余义务传教的志愿者。星期一(18日)赶紧去找了医生，打了针开了药，已有好转。但仍有发热头痛，我准备2月19日再躺一天，过一个有生以来独自一人度过的"年卅晚"。

除夕夜6时许，正当我听着不远的唐人街传来的舞狮的鼓点,靠在床上翻看家庭影册时,有人敲门。来的是张女士和她的儿子。他们说现在才能来看我,是因为今天仍得上工上学,现趁吃饭前抽空来一趟。她们带来了一盒录影带,是上一年除夕她们在唐人街拍摄的,说是也算让我"在热闹中过年"。他们离开以后,我靠在客厅沙发上看录影带——唐人街喜气洋洋,一片节日的欢乐气氛……就在这时,电话铃响了,是张女士的丈夫打来的,他说,吃完团圆饭,全家逛唐人街,怕我寂寞,打个电话来聊聊。我感动得不知说什么好。不久,又来了两个电话,是当日曾同张女士一同前来的那两位澳大利亚女士分别打来的,原来张女士刚才用电话告诉她们,我见好转,还没有睡,她们打电话来向我贺岁。

夜深了,我似乎精神好了许多。我拿出信纸,要给国内家人写信。我想了一会,决定这样写:我刚在唐人街过了一个很热闹的除夕。于是把录影带的内容着实描绘了一番,还说有华人朋友和澳大利亚朋友给我电话贺岁……至于真实情况,我要待骨刺取出,隐患消除后才敢写了,那时我一定要将张女士一家及她的教友对我的诚挚关心,毫不遗漏地告诉我的家人。

从悉尼歌剧院谈起
——悉尼文化生活拾零之一

谈悉尼的文化生活,很自然就会首先想到悉尼以至整个澳大利亚的象征——悉尼歌剧院。的确,它可以说是悉尼文化生活最重要的中心之一:歌剧院内的音乐厅、歌剧场、戏剧场及其他一些演出大厅,可同时容纳五千观众。而这些地方的演出,一年到头总是安排得满满的。这里的"绿色之家"是艺术家同群众交流的地方；这里还有展览、电影，到歌剧院参观是人们假日喜爱的活动之一。总之，悉尼歌剧院已经同悉尼人的文化生活紧密地联结在一起了。

徐盛桓在悉尼歌剧院

悉尼歌剧院一方面同世界各国的艺术家建立了联系，另一方面又密切联系着本国的艺术人才。世界许多著名的艺术家和艺术团体都在这里演出过，而更多的是本国艺术家登台献艺。演出的剧目可以说是雅俗共赏。从芭蕾舞《天鹅湖》《葛蓓莉亚》到歌剧《战争与和平》《波西米亚人》《魔笛》，从各大师的交响乐、协奏乐到民歌、流行音乐、爵士乐，这里都会上演。

更值得一提的是歌剧院经常同其他机构合作，共同举办一些普及音乐教育、提高音乐水平的活动。例如"本涅朗节目安排"就是一个面向大众、普及与提高相结合的大型演出活动。这个活动从 1977 年始创,每年一次。今年计划历时 9 个月,举行近 30 场演出,以及一系列的展览、讲习班等。《让他们演出芭蕾舞》《芭蕾台后》通过演出芭蕾舞剧的片段,边演边表现一个芭蕾舞剧从编排、练习到演出的全过程。《人民之歌》是最早期到当代的民歌专题演唱。《幼儿节目》《续幼儿节目》,则是专为学龄前儿童安排的专场音乐会。把诗、歌、故事、器乐穿插起来,帮助小孩子踏出音乐欣赏的第一步。有的演出则试图由摇滚乐歌手唱古典歌曲,歌剧演员唱流行歌曲,使不同的音乐能够交流。另一个从 4 月到 10 月举行的"同音乐交朋友"的活动,也同样是帮助听众,特别是学生听众学习欣赏音乐的,所以,这类活动的音乐会的票就比较便宜(至于通常的音乐会或歌剧,一二十元的票是便宜的,有的票价高至 60 元)。看来,一个剧院在丰富人们的文化生活上可做的事,有很广阔的天地。

新南威尔士州艺术馆的活动
——悉尼文化生活拾零之二

新南威尔士州艺术馆是全澳最大型的艺术馆之一,馆内藏有从 17 世纪起至当代的欧澳各种流派的油画、雕塑、水彩等作品,现在还不时购进、借进展品。馆内还常常举行各国名家的画展,我国著名画家关山月、黎雄才的联展,就是在这里举行的。

艺术馆天天开放,不但不收门券,而且还有定时公共汽车,来往于市中心与艺术馆之间,免费接送前来参观的各界人士。馆内有导游,由志愿者担任讲解,定时分批出发,这使参观者受益良多,很受人们的欢迎。进馆后可以拍照,只是要填写一张申请表,并保证所摄非为盈利目的,但摄影时不能用三脚架和闪光灯,这是为保护作品和馆内设施而做出的规定。我看见不少在馆内流连的艺术爱好者在自己喜爱的作品前摄影。

如果你还想在艺术馆学习更多的东西,你可以参加由艺术馆组织的"艺术馆协会"。这个协会宣传口号之一,是"入会对艺术馆、对悉尼市、对你本人都有好处"。申请人交了少许会费入会后,就可以参加协会举办的报告会、作品赏析、艺术旅行、同美术欣赏有关的电影或音乐晚会等活动,总之,就是在艺术馆的统筹安排下,通过协会会员的共同努力,使自己和其他会员更好地进行艺术欣赏活动,普及艺术知识,提高艺术水平。看来,艺术馆组织这个群众活动团体,是为美术爱好者做了一件好事。

艺术馆最近开展了一个艺术馆"基金会之友"活动,参加的人,向基金会捐助 10 元至 35 元,就可以在"基金会之友"的芳名册留名。这本芳名册由名制作师设计制作,用羊皮纸做的封面精装制成,陈列在馆入口处的中央,每月由名书法家以古体字母,将"之友"的成员芳名列上。所得款项用来帮助艺术馆购置名作做展品。有了这些捐款,并不因此就减少政府对艺术馆的拨款;相反,"基金会之友"给基金会每捐赠一元,政府就给艺术馆增拨一元,并且全部免税。捐款越多,政府增拨就越多。这活动开始了才几个月,芳名册已经写满了十多页。我想,除了实际经济收益之外,这一活动对吸引人们关心艺术馆的建设,关心下一代的艺术教育,也一定很有作用。

家庭音乐会
——悉尼文化生活拾零之三

在悉尼的文化生活中,有一个节目常为人们津津乐道,这就是常在星期天举行的免费家庭音乐会。

音乐会是在庄重堂皇的市政厅举行的。这个市政厅,在历史上曾接待过英国皇室贵族和其他国家的一些名人;现在,一些有名望的艺术家也还有在那儿表演的。可见音乐会虽是免费,规格却不算低。

音乐会通常是在下午二时开始的,一时十五分开始进场。举行之日,常是未到一点,市政厅正门的几十级石阶已经站满了等候入场的人群,一直站到人行道上。

在音乐会的两三个星期前,在市政厅前就会张贴出大幅海报,还会印制一些较小张的海报和宣传品,广为张贴散发。这类海报,印刷都很精美,有内容简介和主要演出者的介绍,还会在报纸上登出广告。看来,主办者也的确是把音乐会作为一件重要的事来办的。虽然是免费的。

之所以称为家庭音乐会,我猜有两个方面的考虑。

考虑之一是音乐会的内容一家大小都会感兴趣。例如,去年圣诞前夕的一次是《胡桃夹子组曲》和《彼得和狼》。前者可以说是历来贺节的保留节目,描述一个女孩在圣诞前夕的一次离奇有趣而又幸运的经历;后者是一个儿童音乐故事,也早已脍炙人口。试想,爷爷奶奶带来小孙子,或者父母同自己的小儿女前来,音乐内容比较易懂,乐曲又动听,老老少少边听边发出会心的微笑,是不是其乐融融?此外,如《音乐之声》全套音乐的造型表演、大型管风琴的介绍和演奏,都是老少咸宜的。当然也不只是有家庭的人才高兴来。我看见观众中有孤独的老头,有显然未成家的青年恋人,有三三两两相约一起前来的大中学生,还有像我们这些在悉尼根本无家的客人。

考虑之二是一家大小同来经济上也不成问题。上面提到过,悉尼各种艺术表演门票价是不低的。看一部歌剧或听一场音乐会,一家四口,位置好一点的,动不动就是五六十元甚至过百。一家几口要去看一次表演,这一点是不得不考虑一下的。现在出现这些星期日家庭音乐会,你尽可以坐在前座或厢座的对号位上,只要你去早一些。

装点城市的雕塑
——悉尼文化生活拾零之四

悉尼作为一个现代化的都会,街头看起来商业城市的气息浓些,艺术性的装饰较少。可以谈一谈的是闹市区的一些矗立在公共场所的雕塑。

这些雕塑,大体可分为两大类:传统艺术写实主义的造型雕塑和现代流派的造型雕塑。这从新南威尔士州艺术馆前的几座雕塑作品就可以看出:既有精雕细刻、形象逼真的骑士,也有头身难分、似与不似间的母亲。这至少可以说明,这里人们对不同文化,多半取一种兼收并蓄的态度。

一些写实手法造型的雕塑,多半是较早期建造的,带有一定的纪念性。如马丁广场上以军人作为主题的《最不能忘记的人》塑像、海德公园的《阿波罗》雕像(为纪念澳法友谊而建)、皇家植物园的《菲利普》雕像、新南威尔士州图书馆的《莎士比亚纪念塑像》、麦考利路上的《麦考利像》，都属这一类。这当然只是一个最粗略的归类，例如《阿波罗》雕像在写实造型中又加入了神话内容，同《莎士比亚纪念塑像》又不一样。其雕刻之精细、造型之酷似，以及有时可以感受到的某些性格特点的刻画，都令我赞叹不已。

近20年，为了适应城市装饰的需要，悉尼街头陆续建起了好些装饰性的雕塑，我印象较深的有州立银行大楼前的《澳大利亚》、马丁广场的《多贝尔》、植物园侧门对面的《生畏》等。欣赏这类作品，要发挥很大的想象力。例如，《澳大利亚》据介绍是以木桩象征澳大利亚的"根"，以袋鼠作为构图主题之一，上面是白人与土著的合作。但介绍归介绍，我除了看到木桩外，其他的"形"无从发现，我只感受到了一种开拓的气势、坚韧的精神和扭抱在一起的强有力的气质。我把这种感受同一位管城建的官员谈了，他笑着说："能激发出欣赏者这样的感受，说明作品是成功了。归根到底不是作者要表现什么，而是观众感受到了什么，不是吗？"我想，这些雕塑在装点城市的过程当中能让过路的人被刺激一下艺术想象力和欣赏情趣，这也实在是丰富着人们的文化生活。从我自己的感受来说，走在闹市区一带，看着不时会遇到的这一类象征性的雕塑(大的有十多个)，我都会有一种兴致勃勃的欣赏欲望，就算行色匆匆，未能停留，脑子里也会不由自主地费费心思。

且行且看谈
——悉尼文化生活拾零之五

这里常组织一种活动,直译出来平淡无奇,"走路"而已;译得动听些,或许也可译为"行"——如"春日行""热带雨林行"等。原来,这是专题性的以走路为主的参观活动,知识性同娱乐性相结合,相识的或不相识的旧朋新知汇集在一起,结伴同行,且行且看,且看且谈,并听听导"行"者的言简意赅的介绍(这些导游,有些是"过来人"中的志愿者,不收费;有些是以此为业,可预约他们,按规定收费),在笑谈当中增加对有关专题的了解。

"山石区行"在这里最受欢迎,相信外地来悉尼旅游的人鲜有未参加过的。山石区位于悉尼海港之畔,被称为澳大利亚之"摇篮",昔日"第一舰队"就在此附近登陆,首先在此开发,现在就成了全悉尼以至全澳大利亚历史最久的一个区,现存全澳大利亚最古老的一座房子就在这里(建于1816年)。经过百多年的世事沧桑,这片昔日最早的开发地一度沦为贫民窟的旧烂房屋区。20世纪70年代,新南威尔士州政府决定重建这个历史古区。经过十多年的努力,基本已把它修复如初,成为一个将40个古迹作为中心的商业游览胜地。"山石区行",如果按照组织者的设计,就是从山石区旅游中心出发,穿街过巷,入市登楼,遍访这些古迹胜地,并可在古风如故的商店、餐室、工业品店领略200年前的民情风貌;当然,说"古风如故",只是指一种仿古的气息,如果说设备与享受,那是属现代化一流的。从以上粗略勾画的轮廓不难看出,这种知识性娱乐性的"行",就似大家相聚一起来读一本打开的书、活动的书。像这类的旅游胜地"行",就已安排有七八种不同的路线和地区。

皇家植物园所组织的"行"也很有趣。一年四季,植物园分别组织"春日行""冬日行"等,由专人带队,沿着最方便的路线,观赏园中该季节最有代表性的花木,在大约一个半钟头的边行边看边谈中,既欣赏大自然的美色,又吸收有关知识,寓学习于娱乐之中。除了这些"季节行"之外,还有一些"专题行",如上面提到过的"热带雨林"及"土著常用植物""春花"等。这样的参观,多少带有一点专业性。但由于钟情花木之心人皆有之,加上讲解力求通俗,这种带有专业性质之行并不枯燥。

把世界接进家里
——悉尼文化生活拾零之六

悉尼的电视台有好几个。有些台的幼儿儿童教育节目颇受家长小孩的欢迎;有些台选播过去和限制的一些世界著名电影,如《飘》《甘地传》,也带给观众很好的艺术享受;国际新闻通过卫星转播,比较及时详尽,过分的色情暴力镜头,似乎并不多见。但多数台商业气息比较浓,在这些电视台中,有一个"零号台",许多人特别感兴趣。

"零号台"因零频道而得名,它是由有关机构办的一个非营业性的电视台,节目中全无广告。为了适应悉尼多民族、多种族聚居,多元文化同时发展的情况,这个台的节目特别注意世界性和多民族性。来自世界各地的各民族的移民,都有机会在这个台的电视节目中,看到表现自己民族传统文化的节目,同时又可以了解和欣赏其他民族的文化,起相互了解、相互交流的作用,促进多元文化的发展。因此,这里的人都把这个台叫作"民族台"。

"民族台"有一句口号,叫作"把世界接进家里",意即在家里看它的电视节目,就可以接触到世界。这句口号出现在好些节目的开头,而且编成了一首歌。电视台的好些节目,都尽量体现这句口号。例如,国际新闻就比别的台多而详尽,不少节目是专题介绍世界各地的风土人情、节日习俗、胜地风光的,而且兼顾历史和现在。我觉得最有意思的是《世界电影》节目。顾名思义,这个节目,就是选播世界各国的电影,而这些国家,一般又同悉尼现居住的各民族关系比较大。五大洲不同意识形态、不同宗教信仰、不同发展程度的许多国家、地区的影片,都播放过。电影内容也比较广泛,歌颂性的、暴露性的、娱乐性的都有。一般片前有个简介,中间有个小停顿,由节目主持人再来谈一谈,小结一下上半段的内容,提出几点值得注意的地方,吸引你再看下半段。从我看到的对《骆驼祥子》和《乡情》的介绍看,主持人对影片及根植于影片之中的文化伦理传统还是比较熟悉的。电影一律原声原版,从镜头衔接来看,估计没有删减。为了让大家看懂,对白都配有英文字幕。这不但让那些愿意听听自己民族语言的人听起来感到亲切,而且也可以让有意学习这一民族的语言的人直接听这种语言的地道对白。再说,制作也大为节省。

喜遇《葛蓓莉亚》

——悉尼文化生活拾零之七

有一次生病,整天困在床上,听收音机解闷。我发现,有些电台多播流行音乐,但有几个电台,却以播传统的交响音乐、钢琴曲、歌剧和古典歌曲的声乐作品为主。这使得有不同口味的听众有机会进行选择,不会一边倒。

喜爱流行音乐的听众不少。平时走在街上,听到从各家各户传出的收音机声,其音乐多半是节奏强烈、喊声震天的摇滚乐,中间加插了不少广告,说明广告客户是知道这类节目是大有听众的。节目主持人对歌曲、歌星、流行程度等十分熟悉,讲得有声有色,更增添了节目的吸引力。

就我自己来说,较喜欢交响乐和管弦乐一类的节目。我是音乐的门外汉,因此特别欢迎节目主持人安排的简介。这些介绍,有时放在音乐播送之前,有时放在之后,有时是主持人的评介,有时是演奏者或指挥的访谈录音,有时是干脆请这些人现场说法。就在我病卧床上的那一次,听了德利布的芭蕾舞剧《葛蓓莉亚》。主持人介绍说,这是某次演出的实况录音,指挥的风格是喜欢夸张强调。由于这简介指点了欣赏入门的路,我这门外汉也觉得多少有路可循。记得来澳前也听过这舞剧的音乐,当时仿佛只是听到许多色彩斑斓、富有特色的风格舞曲。这次听了提示,注意捕捉音乐中夸张强调的表现,就似乎觉得剧中的斯万尼尔达、弗朗兹、迂腐的木偶制作师、木偶葛蓓莉亚,音乐形象都很鲜明,尤其是葛蓓莉亚,她的机械滑稽强调夸张得十分突出，听到音乐，就仿佛见到这个木头娃娃在发条启动后起舞。我觉得这样的简介十分有帮助。我相信，一定会有不少人与我有同感。

这一发现，对我有所启发。音乐欣赏，个人口味不尽相同，文化生活中的其他领域，又何尝不是如此？我想正因为是这里的人们注意到了这一点，因而诸如新南威尔士州艺术馆的展品、街头雕塑等，都不是清一色的一种艺术表现方式。这正如我们吃饭，有人喜欢吃大米，有人喜欢吃面食。在充分提供米或面任君选择之外，最好还提供些介绍，让人们把米或面做得更可口、更有营养、易于消化吸收。这就是我听了电台广播的一些音乐节目之后，想到的一个比喻，未知恰当与否。

从以上的"悉尼文化生活拾零"系列，可以看到徐老师的"系列"偏好，熟悉他研究论文的读者一定会联系到他不同专题研究的"系列"论文。从随笔到论文，表现出典型的"徐氏风格"！

另外，这个系列是以"徐穗来"的笔名发表的，"穗"是广州市的简称。顾名思义，就是"来自广州"。

杂技乡人谈杂技

中国杂技之乡的人最近来悉尼演出。我有机会访问他们，听杂技乡人谈杂技。

中国的河南省濮阳市，素有"杂技之乡"之称，久享声誉，历

三　悉尼经历

来是杂技精英荟萃之地；河南省同样亦以杂技盛行著称，最近国内一次杂技表演比赛，河南省出的节目囊括了金银铜牌，由此可见河南在中国杂技艺术界的地位。

最近，悉尼举办"假日与旅行展览"（6月11～15日），中国将在展览馆开设一条"中国街"，据说这是该馆较大的展出场地之一。既是为了助兴，更是为了向悉尼的旅游爱好者介绍中国的文化艺术，中国派出了一个濮阳的杂技团前来"中国街"演出。

按照悉尼的传统，在悉尼演出的艺术团体，经悉尼市政厅的安排，在正式演出之前，往往会将一部分代表性的小型的节目在马丁广场的露天舞台先行亮相，这实际上是起一张特大的"活动海报"的作用。濮阳的杂技团安排在十号亮相。我去得稍微晚了一点，走近露天舞台，已听到阵阵掌声，只见站着一位十三四岁的女孩子在表演《飞叉》，一根齐她肩高的三叉戟在她身上和四肢滚来滚去；抖动肩膀把戟抛上天空，她在地上翻个筋斗，戟仍然落到她身上滚动，就像磁石吸铁一样。后面站着等待演出的五个人，其中四个也是十二三岁的孩子。这些孩子表演的《滚杯》《钻筒》《晃板》等，表演还略显不够流畅优美，技巧倒是相当熟练的，基本功底很扎实。驾驭一些难度大的惊险动作也很有把握。掌声不断，拍电视和拍照的人越来越多。

经介绍，我见到了领队的赵华。赵华40岁不到的样子，已经当上了中国杂技艺术家协会的理事、河南分会的副主席，是濮阳市杂技团的团长。我问："这些是你们的小团员吧？"他说："不是，是濮阳杂技学校的学生。"访问就从这里谈开了。

濮阳的杂技之花,"文革"中受到摧残,在近年来"对内搞活,对外开放"的政策下复生,再放异彩。赵华告诉我,胡锦涛总书记曾有一个指示,大意是要文化部门大力支持杂技的发展,要多让杂技到全国各地、外国演出交流,使杂技艺术有更大的提高。近一些年来,濮阳市为了使杂技艺术得到更好的发展,除了大力加强市的三个专业杂技团的建设之外,还大力扶持"个体户"——民间的杂技团,帮助他们发掘、整理、加工一些传统的技艺,也辅导他们进行新的创作,提高演出水平。这样,不但壮大和提高了杂技演出的队伍(据赵华粗略估计,光濮阳一地,就约有两千人从事杂技艺术),而且一些老艺人和民间流传的"高精尖"技巧也逐渐得到发掘和提高。同时,也丰富了人民的文化生活。最近濮阳改县为市,市域包括临近的四个县和一个新开发的中原油田,全市人口接近百万。人们欣赏的需要和欣赏水平的提高,也促进了濮阳杂技艺术的发展。近年来,濮阳的杂技演出队伍,足迹遍及大半个中国。

他们做的另一件重要的事,是培养好杂技的苗子,办好濮阳杂技学校。学校为七年制,现在校人数约50人,学生一天练功时间加起来有七八个小时。为了使小孩得到更好的条件练习,食宿全在学校,每个学生不但不用缴任何费用,而且每人每月发给生活费90元(人民币)。教师由富有经验的杂技演员担任,而且往往是专人辅导,专项辅导。课程的安排是要使学生基本功扎实、功夫全面,而且还有其他的艺术训练,如音乐、舞蹈等,使学生打下一个较为全面扎实的基础,以后要攻"高精尖新"就有比较好的基础。

三　悉尼经历

我看了刚才那五个孩子的演出,问道:"这五个是高才生吧?"赵华说:"还不算。"然后补充说:"告诉你一个秘密,学校的好些'尖子'另有任务。"原来,在挑选来悉尼的人之前,有一个出访各国和参加国际比赛的计划,学校里好些学生已经在集训或参加选拔赛,为这个计划做准备,他们就无法来悉尼了。这样看来,这所杂技学校果然是名师出高徒。就拿演《滚杯》来说,演出者丁环美是一个大约十二三岁的小女孩,头手足五个部位顶50个杯,演出当然比不上"滚杯皇后"戴文霞老练,但从难度来说估计不会相差太远。

这样,我们的话题又转到杂技的出国访问演出。赵华作为全国杂技艺术家协会的理事,对这方面是比较熟悉的;他自己作为一个杂技演员和杂技演出团的领导人,最近曾到北欧、东欧的六个国家访问。他说中国杂技的功底,在世界上是比较好的;我国各项艺术项目出国参加国际比赛,获得较高的奖项,杂技也算是多的;近年来杂技也常到国外访问演出,作为"人民外交"的使者,为我国同外国的文化交流做出了贡献。我告诉他,不久前广州的杂技演员在悉尼"中国周"演出,非常成功。但有些朋友也反映,演出的节奏较慢,调度、服饰、化妆、道具装饰还可以更多考虑一下现代观众的兴趣。赵先生听了也很感兴趣,他认为,随着对外交流的增多,一定可以更好地吸收外国同行之长,现在已开始注意这个问题了。

我指着小孩表演用的桌子、圆筒、杯子等说:"赵先生,如果你不介意,我想提个意见,这些道具太简陋了。"我还补充说,他们是代表中国前来演出的,因此这也会影响外国观众对中国的印象。赵先生说:"我们是注意到这一点的,在接到任务后马上订制道具,但已来不及了,只好把平时个人练功用的'家伙'带来演出。"这一点的确是美中不足,因为观众并不了解详情。但是,这一点却使我对"杂技之乡"增多了一点感性的了解:五个杂技学校的学生匆忙上阵(此外还有一位负责编排节目的女导演也参加演出一个节目),可以挑起一台节目的演出,看来"杂技之乡"的确是名不虚传,正因为他们有别于"濮阳市杂技团",所以我特别称他们为"濮阳的'杂技团'",如果悉尼华人的读者看到本文,注意到这一区别,了解到这个"团"的组成,一定会对他们的演出更为赞叹!

悉尼冬日话海滩

看报上登载的香港海滩的照片,海上浪潮,沙滩人潮,勾起了我行走海滩的兴致,一个星期天,我约了几位朋友冬日同游邦迪海滩。

7、8月算是悉尼的隆冬了,我穿了毛衣和背心,外面还得披件夹克,以便抵御海滩上的凉风。沙滩上虽然没有1、2月份那种客似云来的热闹景象,但绝不冷清。仍然是泳装上阵的男女错落地躺着享受着温度逐渐升高的沙滩,穿着单衣和短裤的青年和学童在踢球游戏。身上裹着紧身运动衣的姑娘摆动着好看的双腿,绕着沙滩缓跑,还有人半躺半坐,对着手上的书本入了迷。如果说盛夏的沙滩因有如浪的人潮而显得蔚然壮观,却终因人满为患无场地施展拳脚活动,沙滩上活动的场面也略显单调,那么,眼前冬季的沙滩却显得更为活跃,更有动感,更表现出生气。

　　眼光望到海浪上,就更加艳丽多彩了,原来正在乘风破浪的弄潮儿多数都穿上了五颜六色的尼龙运动衣,可能是因为没有人游泳了,一片汪洋完全成了冲浪健儿的天地,冲浪的人似乎比夏天还要多,而他们身上七彩的运动衣随着浪头此起彼伏,色彩鲜艳的尼龙服沾湿了水在阳光下闪亮闪亮的,犹如云彩下飘荡着一层五彩气球。

　　沙滩上人少了,就容得下成群结队的洁白的海鸥,它们也来悠闲地晒太阳。入冬的邦迪海滩,映衬着黄沙绿浪蓝天的背景,在冬日的阳光下,成了一个色彩斑斓的充满了动感的世界。这就是悉尼冬日海滩的景象,寒意中洋溢着一股热气和生气,它仍然是人们休假日的好去处。

　　悉尼海滩夏冬皆宜,这首先要拜悉尼是一个阳光之城所赐——悉尼平均每年日照有300多天,每天平均7个多小时。悉尼也是一个有名的海滩线,大小海滩星罗棋布,已经命名开放的就有40多个,还有一些较小而不见经传的同样吸引着游客。大多数海滩接近市区,并有公共交通工具直达,同沙滩相接的沿岸路上,多有商业区和住宅区。海上和沙滩都比较清洁,安全设施较为完善,公共秩序较为良好。这一切不但使悉尼的海滩造福了悉尼居民,而且吸引着国内外的游客。

　　我们去的邦迪海滩,据朋友介绍,是世界十大名滩之一。盛夏之时,每天游客吞吐量有几万人,来到临海滩的大街,就会看到穿着款式新奇的比基尼的姑娘来往穿梭,真是未见海滩美景,先见海滩丽人。邦迪路上的商店、旅馆价格都比较贵。邦迪海滩是悉尼最早开放的海滩之一,原是私人的地产,主人开放供人们前来休憩,孰料却有人利用这场地聚众干坏事,这促使该地的区政府制定了法例,采取措施,加以管理,经过100多年的开放建设,邦迪海滩成为一个现代化的海滩。"邦迪"是土著话英语音译,意为"嘭嘭作响的海涛声",这个名字不但使我们知道这个海滩以惊涛拍岸著称,而且使我们知道这个海滩已有久远的历史——早在白人到来之前就同土著的生活有着密切的关系。这天我们在同海滩相接的沿岸路上走着的时候,见到四五个体格魁梧的土著坐在一块公众保留地上晒太阳,用不着说,手里当然少不了酒瓶。想着"邦迪"之得名,看到土著的现状,心里不免慨然。

邦迪海滩边远的一角可无上装上海滩,我们还从远处望过去,未见有女士有此雅兴,可见同天冷和气氛有关。这种景象,同盛夏时节有所不同,提到"无上装",很自然就会联想到海滩服饰的变化。

100年前海滩刚开放的时候,白天是不准游泳的,据说是为了避免上水时衣服贴体露出不雅之相,因此游泳必须在晨昏黯淡天色时进行。从现在看到的照片可知,当时女性标准的"沙滩装"是拖地长裙,常常配上一把半个球形的花伞。后来白天游泳得以解禁,但男女泳装必须上接脖子下过膝,而且在水中不准与异性结伴。1907年,邦迪所在区的行政首脑视察邦迪,他认为这样的泳衣上水后仍然不雅,并说"尤以女人为甚",因此他下令女人还要外加裙子。这一切当然已经成为陈迹了。1946年,世界上开始出现两件式的比基尼。50年代,悉尼第一套比基尼首先在邦迪亮相,造成了一阵小小的轰动和议论。后来,"无上装"之风也吹到澳大利亚,20世纪70年代初,悉尼一些主要的海滩,相继留出一角,满足有"无上装"之愿望的女士们的要求。以后更规定了三个路程较为迂回的海滩可作为天体海滩。

据朋友的介绍,悉尼刚开始允许海滩天体出浴之初,的确出现过一些宣传和渲染。随着时日过去,新奇感消失了,愿去者去,不愿去者不去,利用此道来做广告或写哗众取宠的文章的市场就越来越小了。不过,作为家长或教育工作者,却一直不无担心之处。这从年初新南威尔士州政府的一个决定可以看出。有些人士要求增开天体海滩,新南威尔士州政府经过研究,决定不再增开。当时的报纸登载了新南威尔士州州长为此发表的讲话,大意是家长不必为此担心了。也曾发生过一起群众自发反对天体海滩的事件,天体海滩"淑女湾"海滩处于一个山谷低处,上下要经过一把5米高的木梯。一个深夜,有人故意将木梯锯断,用意大概是要断其去路,让爱好者无法前往。此举当然是起不到作用的,但多少可以反映出一些人士的看法。

游冬日邦迪海滩,想起它在盛夏时的另一番特色,想起它100年来经历的各种变化,别具情趣。

怡情　博采　长才
——悉尼大学校外进修课程见闻

英国著名思想家培根在《论学习》中说,学习可用以怡情、博采和长才,据我看,悉尼大学校外进修课程正是有这样的特点。

悉尼大学专门设有一个进修课中心,校外进修课程就是由这个中心举办的。课程绝大部分是利用星期六、星期天或晚上进行,表明了这些课程的业余进修性质。参加者的条件只有一项:年满18岁。综观全部课程内容,当然绝无丝毫"儿童不宜"的成分,如此规定,可能是因为既是"进修"——进一步修习,应该不是在校学童,而课程内容又是适应成年人的兴趣和要求的。由于没有学历背景、专业水平、工作经验的限制,这些课程在"深入"中更有"浅出"的一面。内容有一定的专业性,讲授却又通俗化。有两个课程是相当专业的,一是考古学中的"公元前14世纪古埃及阿玛纳时代考古",另一是"电脑使用导论"。两者在课程简介中都说明,参加者只要有兴趣,并不一定需要有关方面的知识,前者上课时配备了大量的图表、地图、照片等,并制成了幻灯片,边讲边放,加上悉尼大学向来就有上课时师生无拘束答问的传统,因此课程绝不会枯燥难懂。电脑运用的讲授,则是解释、辅导、练习、操作相结合,理论与实践并重。这些课程,一般是安排九节课,要在这段时间内达到预期,主讲者的素质是关键。主讲者大多数是资深的教师,不少是教授、副教授;有些戏剧、美术、文学等课程,则是同剧院和演剧家、艺术馆和画家及作家等联合举办的,师资阵容可见一斑,亦可见大学对这校外进修课程是作为一件重要的事来办的,并非拉人凑数了事。

人们学习的兴趣和要求是多方面的,进修课也包括了广泛的内容,涉及人文科学、自然科学、应用科学、艺术等方面的文学、语言、历史、教育、哲学、宗教、政治、戏剧、音乐、绘画、数学、医学、心理学、天文、地貌、生态等学科,有近五十种课程。

有些课程的专业性比较强,如海岸生态学,但为了适应短期业余进修的特点,课程不做纯理论体系的讲授,多数课程都有明显的实用性和针对性。例如,教育学有两门课程:"教学与沟通的技巧"是为教学人员、训练人员、父母提供如何同自己的教学、训练、辅导对象更好沟通的技巧和做法的;"学习方法介绍"则是以中学毕业生为主要对象,进一步讲授读书、理解、记忆、摘记的良好方法。历史学有一个课程叫"家史探源",指导早期英国移民的后裔如何寻"根"。语言的课程有三个。中文、意大利文和希腊文,是为打算到这三个国家旅行的人士而开的。除了语言训练之外,还有史地、风土人情、名胜古迹之类的介绍。至于戏剧课程中的"布景服装设计入门""灯光音乐设计入门",以及"关于统计学""关于关节炎""患癌者的生活""心理压力的控制""谈判和冲突的心理研究"等,其实用性已不用说明了。有些课程则偏向于研讨性。例如"好、坏、恶:伦理学的今天和明天"是研究不同时代的伦理道德观念的,此外还有"20 世纪 80 年代的女权主义""澳大利亚政治概览""神话与宗教""(文学)现代主义面面观"等,人们当然不会期待在这十节八节课当中弄通这些领域里的理论,成为这些方面的从业人员和研究人员,但诸如政治、伦理、宗教、文艺等方面的问题,在生活中是会不时碰到的,或在读书看报时有问题要思考,或日常生活中有有关问题要处理,或同事朋友交谈时谈起这类问题得要发表新见解,因此这类课程也吸引了不少人。还有一些课程,看来更多是为了提高文化素养,提高艺术理解能力和欣赏水平的,如"从画室到画廊""人和音乐:韩德尔介绍""莫扎特在萨尔茨堡、维也纳、布拉格、意大利""作家的选择"等,从标题就可以推想其内容,不必细说。培根说,读书之怡情常见于休闲独处之时,博采常见于言谈交流之际,长才常见于判断事理,处置事务之中,上面提到的种种课程,或有助于过好休闲独处的生活,或有助于提高判断事理的水平,增进处理事务的才干,或两三者皆而有之,无怪很受欢迎。已有四千五百人(次)参加学习,现又准备下一期的招生,受欢迎的原因,除了内容以外,还有方式方法灵活多样、生动有趣。

讲课——在讲课中有演示、练习、答疑等——仍然是最常用的方法,其他一些有趣的方式方法举例如下:

有一种叫"讨论小组",有兴趣的人自己组成小组,选好一个课程,每两个礼拜在某一位成员家里讨论一次,讨论前个人应参阅进修课中心发给每个人的书和材料,其中包括讨论提纲,最后讨论记录寄到进修课中心转交给有关的辅导人员,辅导人员就会通过各种途径给予辅导。例如"艺术欣赏"课有一个专题叫"澳大利亚绘画",发给小组的材料包括澳大利亚各时期有代表性的绘画作品,针对如何欣赏,小组成员边讨论边看,各抒己见,相互启发。这种方式很受欢迎,原因是有利于志趣相投者组织在一起,讨论气氛比较自由随便,思路就少受限制,言路更为宽广,讨论就会更为充分。不言而喻,这对于辅导者的要求就更高了。

还有一种是现场学习,这多半是艺术课程。例如戏剧课程有一项叫作"剧院一天",的确是在剧院里度过一天来完成这一课程的学习。进修课中心同悉尼的塞莫尔剧院和念洛特剧团合作,以剧团在该剧院演出的几个保留剧目为学习内容。有一次演出的是《威尼斯商人》,辅导人员向学生介绍了莎翁这一名剧的各种有关材料,导演介绍了排演的构思,学生看完演出以后又同演职人员进行座谈,这样不但对该剧本身有了认识,而且对戏剧的演出也有了初步的了解。另外如"从画室到画廊"也是直接到画廊里请有关的艺术评论家上的。

"周末课程"则是一种更为愉快热烈的课程安排,它是利用从星期五晚到星期日的假日时间(澳大利亚一周工作五日),到一个宁静优雅的山庄旅舍去,通过对专题艺术节目的欣赏,来完成某一课程的学习。"山庄周末:同巴洛克作曲家在一起"是其中有代表性的一项。在音乐史上,巴洛克风格的作曲家指巴赫、韩德尔等具有独特风格的作曲家,这一课程就是通过对这些作曲家作品的介绍和赏析,来增加对这些艺术大师的了解。不单录音欣赏、音乐会及其介绍赏析经过精选,可以得到很好的艺术享受,而且吃和住也是经过精心安排的,真是身心同乐,学习与休息相得益彰,当然收费也不菲——每人190元。

最生动和活泼的要数"旅行课程",当然也是收费最贵的课程。"文明交汇点旅行学习团"以一个月的时间到埃及、以色列、约旦一带做考古旅行,沿途参观各种文化古迹和三大教——犹太教、基督教和伊斯兰教圣地;悉尼大学在那里有一个考古发掘点,参观这个开掘点当然是题中之义。这就使得这个考古旅行真的同野外发掘工作沾了一点边。就近的"旅行课程",如"帕拉玛塔河航行学习团",是乘船考察悉尼近郊的这条河沿岸的古迹,因为这条河是悉尼发展史的见证人,沿河考察也就是考察悉尼的发展史。值得一提的是,这回学习团是由一位历史学家亲自带队指导,他将要出版的一本关于帕拉玛塔河历史的专著,就是他多年研究的成果。

这些课程的内容实际、时间不长、形式灵活,这不但使有志于进修的悉尼人得益,而且对其他地方办进修教育的人也不无启发。

在一个古老的"点"上
——记悉尼歌剧院

悉尼歌剧院宏伟壮观,别具风格,澳大利亚人引以为傲,世界游客把它看作是建筑与艺术完美结合的一个典范。我自己参观这座来澳前就心仪已久的音乐之宫,也有许多自己的感受。

第一次是在抵悉后没几天,有人驾车陪我从北悉尼专程前往参观。在车上,脑海里一面浮现出过去在画册上看到的歌剧院的图景,一面又记起书上所说的话,有的书说歌剧院的外观似风帆,有些书却把那几幅弧形盖比作贝壳——悉尼的鉴赏家也在"打架",因此我希望亲眼看一看,得出自己的印象。

车子上了悉尼海港大桥,似曾相识却又是第一次见面的歌剧院就出现在眼前了,那参差错落的雪白顶盖在晨光辉映下,分外夺目。从桥上看它的正侧面,房顶垂直而立,从中间到下端稍微隆起,倒也真像片片鼓满了风的白帆。车子往前驶去,从另一个角度看,弧形的房顶横横竖竖的,确也令人联想起一堆在海滩上晒太阳的大蚌。再往前去,再换一个角度,房顶的弧线有高有低,有起有伏,又像是悉尼港湾外大洋上层层的波浪。车子到了歌剧院的正面,房顶在面前突兀而起,下大上尖,像是海上耸立的一座冰山,拱形的门黑洞洞的,像是山峰投下的一大片影子,更显出冰山的险峻层叠……歌剧院的建筑以它独特的造型,给人以美感,而且还让人们通过自己的再创造再一次获得美的感受,我领会到一种"横看成岭侧成峰"的意境。

以后我又去过多次,有一次领我参观的是一位参加过部分建筑工作的考克斯先生。我们来到歌剧院前的广场,拾级而上,约八十级的石阶把我们带到歌剧院的大顶盖脚下。考克斯告诉我,新南威尔士州政府决定兴建这座歌剧院后,于1957年向全世界建筑师发出了设计竞赛的邀请,澳、英、美、法、日等32个国家的上千名建筑师送来了233个方案,经由国际知名的建筑学家组成的委员审议,丹麦38岁的乌特松夺标。乌特松生长在丹麦的一个渔村,他在解释他的设计时说,悉尼海湾秀丽的风光和迷人的海景曾给他以灵感,而在设计时他还想到过墨西哥玛雅人的金字塔和离他的家乡不远的一座古老的城堡,这座城堡曾被莎士比亚用作《哈姆雷特》一剧的背景。看来,乌特松的设计融合了多重的色彩和风格:传统的、现代的、东方的、西方的,将它们融合为一个整体的艺术概念,这个概念,用评委的话来说,就是"世界伟大建筑物之一的悉尼歌剧院的概念"。

根据乌特松的蓝图,悉尼人用了14年的时间(1959~1973),花了一亿澳元,终于将这个占地将近两公顷的歌剧院建成了。1973年10月20日,歌剧院正式揭幕,全城人沉浸在庆贺成功的巨大喜悦里,为这一艺术宫殿赢得了世界声誉而无比自豪。在揭幕仪式上,在灿烂夺目的弧形顶盖上树立了本尼朗的模拟像，大概是要人们不要忘记这是一个古老的"点"吧，正是在这个古老的"点"，绽开了最新的科技与艺术结合之花。

观赏完像巨型艺术品似的顶盖之后，我们进入歌剧院内参观。里面的陈设和装置非常华丽讲究，大大小小的厅房共有900个，可同时做5种演出，供7000人欣赏，光是化妆室就有60间，这就可以想象同时演出的规模了。此外，有些厅堂还可以供报告、展览、开招待会等之用，由于内部设计适应了多种文化艺术活动的需要，这里成了悉尼文化艺术的中心，一年四季，活动总是安排得满满的，里面一个为艺术家和音乐戏剧爱好者服务的地方，叫作"本尼朗点"，这个名字差不多同"悉尼"一样古老。1788年菲利普率第一批移民到来，用当时英国海军大臣悉尼子爵的名字命名了他们登陆的海湾，之后又用一个曾给他们以帮助的土著本尼朗的名字命名了其中一艘船的登陆点。1955年，悉尼当时的歌剧院艺术指导向新南威尔士州政府提出要修建一座世界水平的歌剧院。经一个专门的5人委员会研究，建议歌剧院建在"本尼朗点"上。我们站在台阶顶宽阔的平台上，欣赏着这里旖旎的风光：这里正是从海上进入悉尼港的入口处，歌剧院成了站在门户出入口迎接海上来客的悉尼代表；碧波荡漾，海鸥频飞，给人一种开阔的感觉，歌剧院以一种新潮的形象，站立在一个古老的"点"上，体现着崭新的艺术构思和现代建筑科技，这给人一种哲理的联想。

白色的顶盖下，有些是圆拱形的玻璃门，有些是落地大窗，有些顶盖直接落地。这些顶盖，是用白瓷片镶嵌成的大幅的房顶，据考克斯说，光是瓷片就有100多万片，近16万吨，下面由

600条柱支撑着。这些顶盖作为房顶,分三组,大体做平行分布。靠西一组的房顶最小,且只有两个,屋脊的弧线一个朝南,一个朝北,从远处望,好像两只背靠背的白色海狮端坐着晒太阳。顶盖下是本尼朗餐厅,许多歌剧院演出的招待会,都是在这里举行的。中间的一组最大,由四个顶盖组成,长120多米,宽50多米,高60多米,下面是有2700个座位的音乐厅以及演剧场,展览大厅最靠东面的一组也有4座顶盖,横跨约40米,长100米,高60多米,下面主要是可容纳近1600名观众的演剧场。这3组顶盖,通过大小、高矮、弧度、方向等的变化,形成了错落的分布,构成在远观时,线与面的优美新奇组合,引发人们艺术的联想。

这个大胆新颖的设计,是通过国际性的设计竞赛挑选出来的。

在走廊的休息室内,我们看到摆着一列电视机,考克斯告诉我,这是转播演出的闭路电视。按规定,迟到者不能在演出中途入座,只能在幕间时进场。为了让他们也能看到表演,安排了这些电视机。良好的演出场地要有良好的演出秩序配合,才能更为完美,这一规定,看来就是为建立良好秩序服务的。

在我们进入歌剧院之前,考克斯告诉我,歌剧院和演剧场舞台上悬挂的幕,是两幅构思独特的艺术名作。那天刚好有悬挂,我有机会欣赏到。歌剧厅悬挂的叫"太阳之幕",以暖色为主,一个金黄的火球放射出飘飘的火苗,作为背景的红色、紫色、橙色的图案表现出一种热烈奔放的景象。演剧场的叫"月亮之幕",以冷色为主,有一个象征月亮的淡蓝色的图案,蓝色、青色、白色、绿色的图案,描状自然界的花鸟鱼虫,表现出在月色清辉下的恬静和谐。这样的写意性的艺术构图,同歌剧院整个建筑的艺术风格十分协调,很耐看。为了同幕的色调和谐,地毯的颜色也是经过研究的。歌剧厅的地毯是红色,演剧场的是蓝色,陈设安排得十分考究,由此可见一斑。至于采光设计、灯光装置、音乐效果等,考克斯也给我介绍过,都是现代化的先进完善的设计,由于比较专业,我也就不转述了,只是举一个例子:为了调和室内光线,全歌剧院的许多墙壁都合理地安排了落地大窗,据介绍,玻璃黄白两色相叠,七百多种大小规格,共用玻璃6300平方米。我们在里面流连了两个多小时,回到外面广场,太阳升到了头顶,已是正午时分了。

　　走出广场,来到了农场湾的岸堤,回首望去,只见海水被风轻轻吹起了微波,在正午阳光照射下,波光闪耀,像千万尾银鱼在翻动,又像千万颗珍珠在闪光,宛若童话般的世界。再远一点,歌剧院雪白的顶盖反射着白热的阳光,看上去雪白晶莹,仿佛变得玲珑剔透;跳动闪耀的波光反射上去,时显时隐,有点神奇变幻之感,有一种神话般的美。设计者乌特松是丹麦人,我突然想到了丹麦童话家安徒生的童话《大海的女儿》,难道安徒生描画的那座水晶宫,被他的后代搬上了人间?

　　环望环绕着歌剧院的两岸的高大华丽的建筑群,这些高楼大厦都是悉尼现代化建筑的精华,把悉尼歌剧院烘托得更加壮观。事实上,悉尼歌剧院富于时代感的设计正带动着悉尼城市建设的新潮流,因为它是悉尼的象征,悉尼的新建设要同它相称。

这就是在一个古老的"点"上出现的一座新的艺术之宫给我的印象和感受。

铁鹰飞跃 妙手回春
——澳大利亚的空中医疗服务

澳大利亚北方领土地区的艾利斯泉城有一个空中医疗服务基地。这个基地一年365日,每日24小时,随时都准备着为附近方圆八百公里的地区提供空中医疗服务。从1934年起至今,从未中断。基地所在地的建筑是一座很普通的楼房,并没有什么显眼的地方,却关系着远近许多人的健康和生命,他日日夜夜以有形和无形的热线——电话、传呼机、电传电报——与各外派点保持着联系,急救信号一到,医护人员就会马上出动,抢时间于铁鹰飞越,救危急病人之所急,受到了人们的称道。

艾利斯泉城在北方领土地区的南端,它处于全澳大利亚的中心,周围是辛普森沙漠,地广人稀,居住分散,就医买药不太方便,尤其以土著聚居的地方为甚。二十世纪二三十年代,艾利斯泉城(当时用的是另外一个名字,1933年才易此名)发展成一个较大的城镇。一位医科学生芬顿提出可仿效澳大利亚当时已有少数州实行的做法。他在艾利斯泉城参加医务工作,遂将多年的宏愿化作行动,受命组建服务基地。现在,基地的工作人员已经换了几代人了,而基地的服务始终不断。

据介绍,艾利斯泉城的空中医疗服务大概是这样的:以基地为中心,在周围约八百公里范围内分设许多外派点,这些外派点多设在边远地区的地方小医院、土著聚居点、居民住宅区和野外工作者的营地,有热线直通基地,一旦发现需要及时救治的病人,马上同基地联系,商量救治方案。基地马上派人乘飞机赶来救治,或者将病人用飞机运送到基地再转送医院,如果病情允许,也有电讯问诊的,即由外派点的人员将病情上报,同基地有经验的大夫研究治理方案。在各外派点通常备有一个有近百种药的药箱,供临时应急。基地与外派点分工配合,工作人员热心负责,又拥有先进的飞行和电讯设备,空中医疗服务发挥了很好的作用。人们给我们讲过发生在20世纪60年代的一件事:一个小孩在外出玩耍的时候跌伤了,附近的人一方面同外派点联系,一方面通知他的家长,待家长乘车赶到外派点时,已有医生从基地乘直升机来到,正在替他的孩子包扎。这件事多少可以反映出这种服务的迅速、负责和实用。

北方领土地区除艾利斯泉城这个基地之外,另外还有几个基地。澳大利亚其余几个州也有这种服务,当然都是在地广人稀的地区。现在全澳有一个全国性的总机构"澳大利亚皇家空中医疗服务处",各州开设的医疗服务包括内科、外科、牙科等。据公布的统计数字,在20世纪80年代,全澳每年参与空中医疗服务的飞机平均有29架,每年飞行总数在500多万公里,每年出动服务次数在10万次左右,其中约有8000人是随机带回各基地诊治的。这些数字表明,空中医疗服务在保障居民的健康方面,特别是在边远地区,可以发挥很大的作用。经费除政府的资助外,还得到一些社区的资助。

这项服务的沿革可以追溯到20世纪的较早时期。1917年,维多利亚一位医科学生首先向一个教会提出向边远地区提供空中医疗服务。由于当时澳大利亚条件有限,当时的电讯和航行技术及设备也不很发达,所以他的建议在1928年才付诸实施。第一位空中医生叫维尔切,他在该年五月开始了他的飞行医疗生涯。他执行任务的头一年,共飞行50次,飞行了32 000公里,给250多人看过病。我看到的关于空中医疗服务的照片,最早的一张摄于1937年,其实这是地勤人员的照片,一位外派点的工作人员正对着一部收发两用机讲话,那部收发机看样子有一个床头柜那么大,若外派点人员在各居民点巡回,收发机还得用卡车来拉。相比起来,现在的工作条件当然好得多了。由于年深月久,照片已经略有模糊,但那位工作人员专注和认真的形象,给我留下了深刻的印象。

锻炼歌手 娱乐市民
——悉尼免费音乐会散记

悉尼差不多天天都有音乐会。在悉尼歌剧院、皇家剧场等场所举行的音乐晚会,听众往往盛装出席,23元一张票不算最高,然而也常常有免费的音乐会:星期日免费音乐会和中午音乐会。这些音乐会能锻炼歌手、娱乐市民,很受人们的欢迎。星期日免费音乐会是在市政厅大厦举行的。庄严华丽,曾经接待过不少各国嘉宾的市政厅大厦礼堂也会举行音乐会,一般只有星期日的一场是免费的。记得不久前一次举行全套《音乐之声》的造型歌表演,两点钟开场,一点钟时等候入场的观众已经站满大厦前二三十级宽阔的石阶,一直站到人行道上,受欢迎程度可想而知。音乐会由市政厅安排,或由某些企业赞助,或由演出团体自愿服务。安排这类音乐会,一则是让部分市民在休假日得到一些文化享受,再则也创造了一些节日气氛。如去年圣诞前后的音乐会分别是《胡桃夹子组曲》和《教堂大风琴演奏示范和欣赏》。从上面提到的曲目可以看出,音乐会并无收益,但主事者并不马虎从事。有时候会张贴出讲究的海报、演出广告。演出者受到礼遇,观众受到热情接待。我看见观众中不少是一家大小一起来的,也有像我这样在悉尼无"家"可归的来访者。比较起来,中午音乐会略为随便些,可能是因为时间较短——这类音乐会实际上是午餐时间音乐会,吃中午饭的一个小时左右,在马丁广场圆形露天剧场,听众不少是边吃午餐边欣赏的,在悉尼歌剧院、新南威尔士州音乐学院、市政厅大厦前厅等地举行的不至如此,但气氛不会像盛大的音乐晚会那样隆重。

马丁广场的演出,有时候是某些"选"、某些"节"活动的一部分,或让某些到悉尼演出的团体拿出几手"拿手好戏"亮亮相,起一份大型活动海报的作用;其他场地的演出,除娱乐市民以外,还有一个用意,为音乐新秀提供锻炼的机会。悉尼歌剧院关于中午免费音乐会的预告,写的通常是"青年钢琴家(或作曲家等)×××演出会",这往往是崭露头角的新秀或即将参加某一比赛的选手一个练习形式的演出会。一则让他们多一些机会临场实践,二则可以听取听众的反映进行改进。我出席过一个小提琴演出会,听说演出者的导师也坐在观众席上。音乐学院的中午音乐会,主要安排的是该院学生和来该院交流、进修的外国年轻音乐工作者的演出。除该院放假以外,基本上是每天一场,这就为学生的演出实践提供了较多的机会。有时校内安排不了，或希望扩大听众的范围，也会到其他场地演出。今年六七月间，新南威尔士州音乐学院的学生安排了一系列演出会，项目包括了声乐、钢琴、笛子、法国号、双簧管、弦乐及由两位不同风格的导师指导的两场爵士乐演奏。原来近年来新南威尔士州音乐学院延聘了一些国内知名的音乐家执教，改革了爵士乐课的课程，扩大了学生的训练项目，经过几年的训练，学生初步学有所成，这次一口气安排六场音乐演出，带有汇报和检验的性质。参加这类演出的，多是新秀或业余爱好者，专业水平和演出技巧还不是很高。例如上面提到的《音乐之声》，连最吃紧的女主角玛利亚，扮演者的演技也还不太成熟。一些学生的演出会，连我这样的外行偶尔也会听到一些明显的缺点。但从锻炼歌手、娱乐市民来说，这无疑是一种好形式。没有多次的舞台经验，谁能一步登天成为一个成熟的音乐家呢？

从悉尼回到广州，徐盛桓还在《广州日报》发表了题为《悉尼诗意》的系列诗歌，以及悉尼的钢笔素描画。另外还有小说和各种音乐和舞蹈演出的评论。可惜由于广州潮湿，当时保留的报纸和刊物都在华南师范大学的宿舍发霉了，未能保存下来。但是有一首诗，到现在他记忆犹新：

冲浪
——悉尼海滩所见

最是那腰躯一摆的矫健

三个浪头落在后边

冲浪，浪跟着冲

三尺的板儿是浪中的闪电

读了徐盛桓先生在悉尼所写的随笔和游记，千万不要以为他经常在外面游逛，他从来都是学习和休闲兼顾。他去课堂听课并不是很多，而是大部分的时间都泡在图书馆里，读书、记笔记，再有就是复印大量的论文和著作，还有在二手书市场"淘宝"，既有学术方面的内容，也有英语学习方面的，毕竟这些原版书当时在国内不一定找得到，而且价格不菲。在澳大利亚访学期间，他不仅给《大公报》投稿，还投稿给《外语教学与研究》。除了语言学方面收获丰硕，他还自学了统计学。当然，统计学的书也是在澳大利亚淘到的二手书。

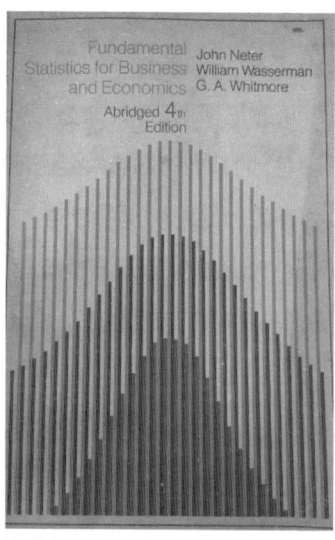

徐先生淘到的统计学专业二手书

三 悉尼经历

下面是《华南师范大学学报》(社会科学版)1991年第3期刊发的徐盛桓的介绍,其中便提到了"澳洲通讯"。

徐盛桓教授

徐盛桓教授,男,湖南省岳阳县人,1938年7月出生,1961年毕业于华南师范学院外语系留系任教至今。中国作家协会广东分会会员,任外语系英语语言文学专业硕士研究生导师组组长,为硕士研究生开设功能语言学、篇章结构学、词义学、语言学研究方法、语言调查统计、语言美学等课程。

徐盛桓教授主要致力于功能语言学研究。他发表的《主位和述位》、《再论主位和述位》,前者是国内研究这一论题较早的论文之一,这两篇文章现在是国内这方面研究有较广泛影响的文献。他在《功能语言学研究方法论的若干问题》提出的观点,受到国内同行的重视。在篇章结构研究方面,他提出的篇章"底层"转换模式,也引起同行很大的兴趣;在这一模式的理论框架基础上写成的专著《篇章语言学》即将出版。他近期还参加了高等教育出版社高等师范院校中文专业本科教材《普通语言学》撰写工作。他发表的50多篇学术论文有些曾被转载或收在有关的文集里。

徐盛桓教授作为作家协会的会员,业余也进行文学创作。他在澳大利亚作学术访问时,曾应邀为香港《大公报》撰写《澳洲通讯》专栏约10万字,在悉尼引起了广泛的兴趣。专栏的复印件已为悉尼市政厅收藏。

《华南师范大学学报》刊发的徐盛桓的介绍

四　三个贵人

在徐盛桓的学术生涯中,他得到过"三位贵人"的支持和帮助,他一直心存感激,每每谈起他们,感恩之情溢于言表。这显然同他和他的弟子们常常提起的"施恩莫念,受恩莫忘"的为人处世准则密不可分。早在儿提时期,父母就以《朱子家训》教诲他们几姊弟,徐盛桓小小的年纪,便将其背诵下来,牢记在心;在以后的成长过程中,更将其作为行为准则,自律、自省;而且进一步内化为自己的一种处世原则:看别人的好处,容别人的短处,帮别人的难处。

那么,他所说的三位贵人是哪几位呢?

第一位贵人是许国璋先生,他是徐老师的恩师。虽然没有直接得到许先生的面授教诲,但许先生却给予了他奖掖、帮助、指导和关怀,是他在语言学的道路上不断探索和创新的动力。

他同许国璋先生的缘分始于许国璋主编的《英语》,它是徐盛桓上大二(1958年)和大三时所学的教材。他说他的英语水平主要就是靠《英语》培育出来的,毕竟当时的英语学习材料极为短缺。而毕业留校任教后,他教一、二年级的基础课,所用教材也主要是许国璋《英语》的一到四册。在教学中,特别是在前文所述的翻译联合国文件的过程中,他深刻感到,要提高运用语言的能力,提高翻译水平,需要学习语言学;要解决教学中遇到的语言难点,很多时候要从语言学理论中提高认识;英语教学水平的提高,也要以语言学理论作为指导。但是当时可供参考的语言学理论书籍非常少。于是,他就在学习过程中边学边思考,并开始写语言学方面的论文。

他的第一篇论文《评〈英美文学赏析〉第一集》投稿给《外语教学与研究》后,他得知自己的文章要发表——还是外语系的党支部书记告诉他的,因为当时如果要发表文章,刊物需要单位出政审证明。1980年,身为讲师的他将一篇《英语主语受事句》投稿给《外语教学与研究》,当时的主编是许国璋先生,刊物录用了这篇文章,于1981年发表。这给了他极大的鼓舞,1981~1984任职讲师期间,他又向《外语教学与研究》投了三篇稿件,结果都发表了,其中有两篇都排在当期的头篇。回想起这段经历,他感到幸运,遇到许国璋先生这样不拘一格地录用低职称新人的稿件。此外,他在对比他的原稿和发表出来的文章时发现,《外语教学与研究》对原文做了很细致缜密的修改和加工。对照阅读思考也让他获益良多。这也从一个侧面说明由许国璋先生任主编的《外语教学与研究》编辑部的工作作风和办刊思想。

1987年春节过后不久,徐先生收到一封电报,令他吃惊和担心。撕开电报封套,他看到"许国璋"三字,他的担心情绪没有了,只剩下好奇。因为电文简短,他一直都还记得,大意是:"盛桓兄:校对稿未见寄返回,甚念。速速寄回。许国璋"

不久前他寄了一篇稿子给《外语教学与研究》,所以可以推测大致的缘由。他马上到附近的邮电局去给《外语教学与研究》编辑部打长途电话,接电话的碰巧是许国璋先生。许先生说刊物要发表他那篇关于语句中心的稿子,已经在一个月前挂号寄了校对稿给他,但是迟迟没有收到他的修改稿,所以才发电报询问。许先生在电话中催促他赶快寄回,因为第一期要刊发。但是他根本就没有收到这封信,他为未能及时回复而耽误了编辑部的工作表达了歉意。许国璋先生反而安慰他,说错过了第一期就在第二期上发表,并在电话上详细说明了需要修改的地方。之后许国璋先生又把在电话上所说的修改意见写了一封信寄给他,这样热心地帮助、指导、关心和奖掖青年学者,怎能让他不感动,不敬佩呢?另外,关于这篇稿子还有一个细节。稿子是他在悉尼大学访学时写的,在那里找不到写中文的方格稿纸,他便用白纸蒙在小学生的算术小方格纸上完成了文稿。而这样简陋的文稿并未被许国璋先生和《外语教学与研究》编辑部所嫌弃,他也非常感谢。

由于以上所述写稿和发稿的经历,他和许国璋先生也算是"相识",但却从未曾谋面。1987年,他申请正高职称,写信请许先生给他写评审意见。没过多久,就收到了许先生亲笔写的评审意见,其中除了对他的肯定外,还特别提到,写同国外语言学有关的论文要从基本概念分析起。这成了他以后做研究的一条准则——从基本概念分析做起。

在2015年许国璋先生诞辰100周年时,他写了题为《永恒的纪念——写在许国璋先生一百周年诞辰之际》的纪念文章,讲述了以上的回忆,发表在《外语教学与研究》2015年第3期。在文章最后,他写了一首词,寄托他的怀念。词中的"海宁"是许国璋先生的故乡;秀州、东吴和(西南)联大是许先生求学的学校。

念奴娇

怀念许师为《外语教学与研究》写的编者的话,用苏韵
水天空阔,恨上苍,未惜人间英物。
吴越海宁,人道是,文胆诗人双璧。
秀州东吴,问学精英,漱水濯冰雪;
堂堂豪气,联大认准奇杰。
拟想许师当年,一期编就了,文思勃发,
编后按语,斟酌间,玉绳低垂明灭;
针砭文风,赏后生创意,深护毫发,
期待学界,神州应是满月。

第二位贵人是鲁川教授。他因为读了徐盛桓的《主位和述位》一文,就同冯志伟教授到华南师范大学去找徐盛桓交流。不巧的是,徐盛桓受中山大学之邀,当天在给中山大学的博士生上"人类语言学"的课。于是,他们又赶到了中山大学找到他,谈及自然语言处理、计算语言学,并邀请他在《中文信息学报》发表文章。这次见面引发了他对人工智能的兴趣,之后写了文章《时间的形式化表示》,发表在《中文信息学报》1988年第3期。看来学术研究的兴趣和发展也有机缘巧合的因素在里面。

第三位贵人是胡孟浩教授,时任上海外国语大学校长、全国博士点评审委员会组长。20世纪90年代初河南大学外语系在积极准备申请英语语言文学专业的博士点,当时的系主任徐有

志教授去咨询胡孟浩校长申请博士点的具体事宜,并请他帮忙分析该专业申博的优劣势。胡校长提出申博的其中一个重要指标还没有达到,即尚缺一个学科带头人。然后胡孟浩校长推荐了徐盛桓教授,说:"如果你们能够引进他作为带头人,那么你们申博就很有希望了。"胡校长之所以知道他,是因为他在《外国语》发表了一些论文,而胡校长同时也兼任《外国语》的主编。有趣的是,起初编辑部还以为他是位老先生,结果有一次编辑部要他的照片,意外发现原来他比想象中年轻得多,从而对他更加印象深刻。有一次许纯教授到广州看望王宗言先生和桂诗村先生,还特意去见了他。

徐有志主任听过胡校长的分析,立即行动,南下广州去邀请徐盛桓到河南大学外语系工作。当然这对于"二徐"都是一个挑战,毕竟调动工作涉及方方面面的安排,不仅仅是一个人的事情。徐主任需要和河南大学人事处等相关部门沟通和协调,确定引进带头人的具体事宜,如待遇和条件等。同时,还要说服徐盛桓到河南大学工作,毕竟请一个广东人到开封这个北方城市来工作和生活是有难度的,另外华南师范大学是否会同意他调离也是一个问题。这些当然也是徐盛桓考虑的因素,还有就是如果同意到河南大学工作还意味着两地分居,远离家人。所以,他首先征求了太太的意见。他后来告诉我们,如果太太不同意的话,他是不会调动工作的。而徐太太本身就是一位职业女性,而且事业心很强。她支持徐盛桓到河南大学工作,认为这样做是一个双赢的结果。

五 河大岁月

河南大学外语学院前院长苗普敬曾在学院团委对他的采访中介绍了请徐老师到外语学院工作的经历(采访人为河南大学外语学院教师张晓晖)：在申报博士点准备工作的前期，刘炳善教授、张今教授和吴雪莉教授是学科的带头人，但错失一些机会后，他们也错过了最佳的申博时机。20世纪90年代初，上述三位专家也都年逾古稀，按照相关规定，无法作为学科带头人来申报博士点了。于是他们在全国搜寻人才，最终了解到华南师范大学的徐盛桓教授。他当时的学术造诣及对语言学的研究深度已经在全国处于领先地位，而当时的华南师范大学因为没有更多科研型人才的支撑，一时也无法形成良好的梯队，经过学校及学院的多方努力，特别是徐有志教授代表学院'三下广州'邀请徐盛桓教授，并保证为其提供优良的科研条件和工资待遇(教授住房一套，月薪5000元，当时河大一般教授月薪才1000多元)，先后做通了徐教授本人、徐教授的爱人和华南师范大学校方的工作。当时盛传"孔雀东南飞"，能让徐盛桓教授到当时还不太发达的北方来，确实是一件不可思议的事情。谈到引进徐教授月薪5000元，学校部分领导持反对意见，认为这样高薪引进人才学校接受不了。在一次研究是否引进徐教授的学校党政联席会上，由于意见仍然不一致，王文金校长让我到会汇报徐教

徐盛桓在河大

授在外语界的学术成就及引进徐教授对申报英语语言文学专业博士点有多大把握。还好,我的汇报最终说服了持不同意见的与会者,党政联席会决议以当时最优惠的条件引进徐盛桓教授。徐盛桓教授深知学院所做出的努力和所投入的精力之巨,也能从实际工作中看到外语学院所有师生对学科发展的殷切期望。他来到外语学院后,很快融入了这个集体,并立刻投身到教学、科研和博士点建设的工作中,带领年轻教师进行深入的科学研究。

当时的系主任徐有志教授也在一次访谈中讲述了为了获批博士点引进徐盛桓教授到河南大学而"三下广州"的一些细节。

第一个办法,就是商调徐盛桓。他当时是广州华南师范大学外语系的教授,是非常有名的语言学家。当时学界有个说法:北边有一个胡壮麟(教授),南边有一个徐盛桓(教授)。

要是徐盛桓老师能商调过来,肯定能抵挡一阵儿,当牵头导师绝对没有问题。他年纪轻,还不到55岁,我想把他请过来。我三下广州。第一次见了徐盛桓老师本人,跟他谈了这个意思。我说我们那儿很可能争取到博士点,你到我们那儿去,业务上也算有个交代的地方,这样比在广州好。我说当然到那以后,肯定会造成家庭的一些情况,家庭情况要复杂起来了。到时候我们替你想办法。他说我这主要看梁处长的意见,梁处长是他爱人。我赶快去找梁处长,我说,你看,到我们那以后不会影响你什么,我说徐老师到我们那儿就是把名字放到我们那儿,有时候去教几节课,然后带着老师们做做科研。其他时间多让他留在广州。我说更重要的是他能当博导啊,他当我们的牵头老师,比在华南师范大学好啊;华南师范大学还没有那个意思,他们还未考虑学位点建设,我说徐老师去我们那肯定比在华师好。她说好。再有一个就是华师外语系的系主任和学校党委能否放人。

第三次我专谈这个事儿。先是找到广州外国语学院的桂诗春教授，我说，桂老师你能不能替我做做华南师范大学外语系的工作，你都认识，很熟悉，帮我说说，请他们把徐盛桓老师放给我们算了，我们只借调两年。

这两年，只要把户口放在河大，就说他是我们学校的老师就行，我们只要申报材料。结果桂老师说："有志同志，这都是你们徐家的事儿。"我说："咋会都是徐家的事？"他说那个系主任是徐霖贤，你们三个人都是姓徐的，你们自己商量就可以嘛。他说自己不便说那个话，好像帮助河大把人挖走，怕人家有不好的看法。我想也是。既然三个人都姓徐，那就让姓徐的在一块儿说吧。我就找到徐霖贤主任。徐主任特别麻利，我真是感谢他，我真是非常感谢他。他说，可以呀。

徐霖贤主任这样爽快答应，谢天谢地，他真是给我们帮了大忙；当然他一同意，华师党委也根本没意见。而且人家有个原则，人家说只要有一个比他们单位好、比他们更有发展前途的岗位要他，他们都放。人家真是开明，确实开明，我觉得这个太好了。后来，这个事儿算完成了，就是三个人都同意。三方面都同意了，徐老师就调过来了。一调过来，他的论文80多篇，我们填报科研成绩，他自己就占了80篇。咱们外语系的其他英语学者的论文，当然也有，但是，其他人加一块儿也没有80篇，全英语系加一块儿也没有。算找对人了，这真是厉害。

说到徐盛桓当时发表的论文比外语系所有科研老师写的论文加起来还多，这里还有另外一个基于全国的统计数据。《外语学刊》1994年第1期《关于我国外国语文刊物的一次统计研究》一文曾发表数字统计,说他是当时外语刊物上"最活跃学者",发表文章篇数排行第一,被征引数排行第二。

关于引进徐老师到河南大学的过程,还可从以下文件和信函中了解更多。

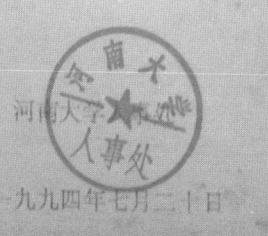

河南大学人事处《关于徐盛桓教授调入我校后
享受有关待遇的决定》

徐盛桓教授：

近来身体好吧！

写此信是为了再次吁请您下决心来我校参加申报博士点的工作。

您几次在来函中说，贵校各级领导非常通情达理，对于您将工作关系转到我校一事表示理解和支持，准备忍痛割爱，这使我们深为感动。但您本人却对于来汴后能否成功地申报博士导师感到没有把握，担心申报不成反会耽搁我校大事，因此考虑再三，认为还是不来我校为妥。这又使我们十分着急。

为了解除您的顾虑，我们特派专人赴京拜来了国家学位办公室有关领导和外语学科专家组成员的意见。他们明确指出：只要学校总体条件过硬，梯队健全；申请导师人员学术成就突出，文科年龄不超过62岁，理科年龄不超过58岁，就可以申报博士点。当然他们也提到过如您所说的情况：若有在国外获得博士学位、又有一定学术成就的45岁以下的教授申报会更容易获准，但主要的还是要看总体条件和个人成就。所以徐老师您完全不必为申报问题担心。您知道，我校这些年来一直在做各项准备工作，总体条件比较过硬，梯队力量尤为雄厚，英语专业正教授已有9名，副教授18名，博士生5名，且有博士导师张令先生牵头。不客气地说，我们本来就有90%的把握。我们相信，有您参加申报，凭您的实力我们成功的把握会增加到99%。

我们这样一再向贵校和您本人吁请，决不是轻率做出的权宜之计，而是经过深思熟虑、反复论证做出的战略决策。一旦贵校和您本人能慷慨允诺，我们会立即把各方面的工作做得更深更细，确保申报万无一失。

徐老师还担心首校工作一时离不开您。我校领导一再表示，尊年您们可以在贵校兼职带研究生，而在我校的主要任务则是，作为专职研究人员，在广州搞研究，每年有若干时间在开封讲学就行。

您还提到可否以兼职身份申报。我们问过专家组成员，他们都说不行。不以兼职教授申报的单位有的是，为什么要批准只能靠兼职教授申报的单位呢？所以，看来要将工作关系调来不可。徐老师千万不要再犹豫了，赶快下决心来吧。

对于贵校各级领导，请徐老师转告：我校领导非常感谢他们对我们此项举措的理解和支持，非常欣佩他们表现出来的练达和胆识，在此谨向他们表示非常高敬意。愿贵我两校能够进一步合作，共同为我国的高等教育事业做出贡献。还请转告贵校领导，一旦同意您将工作关系转来，我们将立即派专人专程致谢，并办理有关事宜。专候佳音。

顺颂

大安！

河南大学外语学院
一九九四年清学期一日

河南大学外语学院写给徐盛桓的信

徐盛桓教授回忆起当年调动工作的情景,说徐太太的支持是他下决心到河大的关键因素。1994年,河大外语学院院长苗普敬和英语系主任徐有志按照河大校长靳德行的指示到他家,邀请他到河大工作。谈的情况从以上的采访和信函中可以了解到。他特别强调,如果不是他太太的大力支持,河南之邀是无法成行的。不说别的,就说物质条件就无法实行。

原来那时还是"福利分房",一家人只能分到一处住房。分房原则"从男不从女""从大不从小"。如果按前者,他作为男方领到住房,就无法辞去华南师院的工作了,因为人不在华南师院工作就要交还住房,他们一家就没地方住了。幸亏还有"从大不从小"一条。后来苗院长、徐主任告诉他,替他在开封装修的房子,就是按照徐盛桓广州的家的情况来装修的。

除了住房以外,在他拿不定主意的时候,是徐太太说,与其华南师范大学与河大都无法拿到博士点,不如先帮河大拿到了。她还陪徐老师去时任广东省管文教的副省长王屏山家里去,请他向华南师范大学说情,因为他曾任徐老师所读中学华师附中的校长,他们有一点师生情谊。

正是在太太的大力支持下,徐老师于1995年从华南师范大学调到河南大学工作。当年,河南大学推荐他为享受政府特殊津贴申请人。他自2000年开始享受国务院政府特殊津贴。从下面的考核报告和推荐表可以清楚了解到他的教学、科研成果及学术贡献。

国务院颁发的证书

关于推荐徐盛桓享受政府特殊津贴的考核报告

徐盛桓教授现为我校外语学院语言学教授、外国语言文学研究所副所长、功能语言学研究中心主任。除担任英语语言文学硕士研究生的主干课程的讲授外，还肩负中青年教师的培养工作。

徐盛桓教授一贯热爱祖国、遵守宪法，拥护四项基本原则，拥护改革开放；有良好的师德，认真履行岗位职责，努力为我国的教育事业和语言学研究工作刻苦工作。1993年曾被评为省高教战线的优秀党员，他担任支部书记的研究生党支部也被评为省高教战线的先进基层党支部。

徐盛桓教授自1986年从澳大利亚悉尼大学访学归来后，一直从事硕士研究生的培养工作。10年来，他为研究生开出的课程有功能语言学、篇章结构学、语用学、词义学、语言的调查和统计、语法理论、语言美学等。这些课程的开设，在国内还是比较新的。这些课程为功能语言学的教学建构了一个比较完整的体系,包括了理论框架的教学、语言各层次功能的分析和功能语言学研究的方法和手段的培养,使研究生有比较坚实的理论基础、合理的知识结构和理论联系实际的研究方法。徐老师在教学时善于将自己的理论同国内外其他功能语言学家的理论和观点进行分析比较,使学生养成在学术研究中不盲从的学风;他讲课深入浅出,善于运用学生身边的语言运用的实际例子来阐述功能语言学的原理和原则,从中培养学生调查研究的意识和能力;他既能严格要求学生,又能细致耐心地给予有启发性的指导,学生普遍反映受益良多。在他指导的研究生中,在学期间或以硕士论文的部分内容为基础写成的论文,已有9篇在省级及以上的刊物发表,其中如谢晓琳的《学龄前儿童篇章意识和篇章能力形成和发展的初步探讨》在《心理学科通讯》1988年第5期作为该期的第一篇论文发表;她的这篇学位论文得到美国内布拉斯加大学心理学系主任比尔的好评,比尔接受了她在该系攻读博士学位,现在她已学成并在美国当了副教授。

徐盛桓教授一贯重视科研,将教学同科研紧密结合,科研深化了教学内容,教学也促进了科研工作。他因进行的功能语言学研究起步早、起点高,被中国系统功能语法研究会会长、北大教授胡壮麟称为我国功能语言学研究的先驱。他早在1982年发表的《主位和述位》,成为国内这一问题研究的常引文献。他将功能语言学和形式语言学的研究方法结合起来,在研究中既重视国外语言学理论的吸收,也注意同我国语言运用的实情结合起来,因而他的功能语言学的研究很有自己的特色,在国内有广泛的影响。语言功能的一些具体问题研究也做出了很多成绩,例如他在1987年发表的《论语句的"中心"》一文,《中国理论语言学史》认为其为我国"聚焦"(即语句的中心)问题的研究奠定了基础。他对过去在国内广泛认同的关于主位应是已知信息的观点提出的异议,现已得到国内同行的支持,并得到近期国外学者研究成果的印证。他在得到广泛好评的论文《功能语言学研究方法论的若干问题》中提出的标记语言成分运用的"三律":错位律、突现律、全息律也引起国内功能语言学研究者的极大兴趣。

徐盛桓教授在语用学方面的研究也有很大的成绩。1993~1994年,他在国内率先开展了新格赖斯会话含意理论的研究,形成了一个系列,修正和发展了提出该理论的英国学者列文森的理论和含意推导机制;《外语和外语教学》1995年第1期编者写的评论称徐盛桓教授是新格赖斯会话含意理论在我国研究的开拓者。他提出的"常规关系"可以成为语言运用中生成的无形符号,所指可以转化为新的能指,而新的能指又有所指的论述,为含意本体论的研究打开了新的突破口。他写的关于新格赖斯理论系列研究的论文,已成为该理论研究的经常被引用的文献。他写的《语用研究中的几个问题》被作为文摘收进《中国语言学年鉴》。他为全国文科教材《普通语言学概要》撰写的一章"语言的使用",在《语文建设》上发表的一篇书评认为是全书中新意较多的一章。他写的《语言学研究的方法论问题(上、下)》中提出的同语言存在、演化、运用三种规律性的状态有关的"三律"——结构边界律、转换守恒律、示差经济律的论述,被《新华文摘》摘引。

正因为他在语用学研究方面做出了多方面的成绩,国际语用学会1990年年刊的一篇文章在引用徐盛桓教授的一段论述时,称他为"南中国语言学界的一位十分有名的教授"。十多年来,徐盛桓教授在语言学领域努力钻研,取得了丰硕的成果,共发表近百篇论文,参与编写全国通用文科教材《普通语言学概要》(高等教育出版社)一本、审订专著一本(《美学语言学》,海天出版社),共约有100万字。他的成绩,使他成为全国知名学者。早在1987年许国璋在为徐盛桓提升职称所写的一份评审意见中就称他是一位"勤笔精思"的学者;1994年,著名语言学家桂诗春教授在谈到他的研究成果时,说他"取得了令人羡慕的成果";1994年第1期的《外语学刊》载文称,调查统计表明,徐盛桓教授近期在外语核心期刊上发表文章篇数排名第一,被征引数排名第二,是"外语刊物上的最活跃学者"。徐盛桓教授为人谦虚,治学严谨,热心帮助中青年学者,卓有成效地帮助了一批中青年教师骨干在学术上成长,因而徐盛桓教授也深受他们的爱戴和敬佩。

综上所述,徐盛桓教授完全符合享受政府特殊津贴选拔条件第一条关于政治思想的要求和第二条第4、5两款关于长期工作在教育工作第一线,学术造诣深,在学科建设、人才培育中发挥了重大作用的要求。

河南大学
一九九五年九月五日

《一九九五年享受政府特殊津贴人员推荐表》

为了申请博士点，徐盛桓到河大以后的第一件事就是筹备新格赖斯会话含意理论研讨会。1996年11月1日至5日，全国第二次新格赖斯会话含意理论研讨会在河南大学召开，这也为申报博士点、扩大河南大学外语学院的知名度起到了积极作用。他对研讨会情况进行了小结，发表在《外国语》1997年第3期。

全国第二次新格氏理论研讨会小结
（摘　要）

徐盛桓

由河南大学主持召开的全国第二次新格赖斯会话含意理论研讨会于1996年11月1日至5日在河南开封举行。河南大学科研处副处长程凯教授致开幕词；主管科研的副校长关爱合教授发表了讲话；河南省高校外语教学委员会会长申立教授向研讨会致贺词。大连外国语学院《外语与外语教学》主编张后尘教授到会祝贺；上海外国语大学《外国语》编辑部、黑龙江大学《外语学刊》主编钟国华教授分别给研讨会发了贺信；北京外国语大学《外语教学与研究》副主编王克非二来信表示祝贺。

出席研讨会的专家学者共39人，他们分别来自近20个大专院校和科研单位，共提交论文30篇。社科院语言所研究员、博导沈家煊先生，河南大学教授、博导张今先生和上海外国语大学教授戚雨村先生分别作了学术报告。

研讨会的活动包括学术论文交流、专题讨论和专门问答。在闭幕式上，河南大学外国语言文学研究所所长徐盛桓教授作了小结。

研讨会的中心议题是：新格赖斯会话含意理论在我国研究的进展与展望。

1994年4月第一次研讨会以来，新格氏理论研究有了不少进展。外语刊物相继发表了一批有关的论文，还出版了这方面的著作。有近十个学校为硕士研究生开设了有关含意研究的课程，研究者的队伍陆续壮大。与此同时，国外有关的研究成果得到了及时的评价，这些都促进了我们的研究工作。近两年来，我国学者对新格氏理论的研究仍然沿着两个课题展开，一是研究语用的语法化问题，主要集中在对"上指"(anaphora)的预测规律上；另一个是对含意问题的研究，并从含意推导的研究引伸开去，研究含意的本源、本性问题，这就是"含意本体论"的研究。与会者就什么是含意，如何解读含意，含意理论的作用，(新)格氏理论同其他一些含意有关的理论的关系等问题进行了热烈的讨论，扩展和加深了认识；并且认为现在表现出来的一些不同看法，应该深入进行讨论，以求有比较合理的认识；有些则是从不同层次、不同视点进行的研究，不是对立的，可能是互补的，是不同研究方向的结果，不妨相互参照。研讨会的论文还有相当一部分是同含意的应用有关的，如探讨含意在国际交流中的应用；在文学作品语言分析中的应用；在翻译中的运用；在话语表达中通过对含意的控制达成一定的技巧；通过含意研究成语等，这些都展现了含意研究的社会性与应用性。有些论文的研究初步表明了对含意的本源、本性问题研究的理论价值和实践价值，展现了含意本体论的研究前景。

提交论文的专家学者既有教授、博导、博士，也有中青年教师和硕士研究生，表明了我国不同层次的学者对含意理论研究的广泛关注。

这次研讨会的论文，有些是理论思辨性的，有些应用性的，有些实验性的，如从语料分析入手，表明我国含意研究覆盖面增大及手段、方法的多样化。与会者很有兴趣地注意到有些论文所报告的通过计算机运算对含意推导模式可行性进行检验的结果，期待今后的研究更多地应用新的手段，对语料进行科学的分析，不断提高研究水平。

《全国第二次新格氏理论研讨会小结(摘要)》截图

同年,他的两本论文集《会话含意理论的新发展》和《语用问题研究》由河南大学出版社出版。

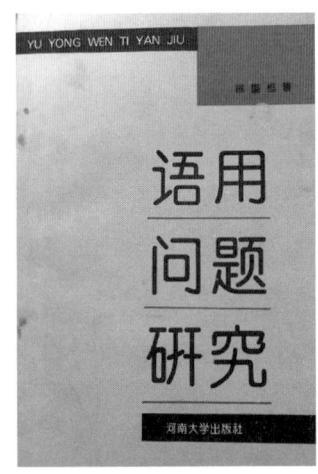

徐盛桓两本论文集

调到河南大学以后,徐盛桓一边废寝忘食做研究、写论文,积极助力申请博士点,一边从事硕士研究生的教学工作。外语系1994级英语语言文学专业的硕士研究生是他到河南大学以后所教的第一届学生,他所开设的课程有两门:语用学和统计学。他教课同其他任课教师不一样的地方首先是在教材方面,学生没有指定的教科书,每次上课他不带任何课本或讲义,只带一个笔记本,上面提纲挈领地写着要讲的要点,一块黑板、几支粉笔便上课了。这样的课堂对于老师和学生都是一种挑战。教师要非常熟悉自己所教的内容,并且能够随时补充材料,学生则要高度集中注意力,做好笔记,否则课下没有课本去找重点。他的语用学讲得生动有趣,将理论同日常同学们习焉不察的语言现象相结合,还让同学们现场举例分析,大家学得津津有味。统计学是他自己在悉尼访学时自学的,在给同学们上课时是用英语讲授,当时的计算方式就是笔算,不像现在有软件和程序来做。一开始,因为不熟悉统计学中的术语,同学们学得很吃力。他则耐心讲解,直到大家理解为止。

两门课的考核方式是不一样的。语用学是写学期论文的形式,旨在考察学生们运用理论分析语言现象的能力,同时也希望硕士生能够在此基础上进一步在他的指导下完善论文,投稿发表。有几位同学的确根据他的指导,认真修改论文,最终发表了他们的第一篇学术论文。还有3个同学不约而同地选择了相似的题目,他就将这几位同学召集在一起,帮助他们分析如何合作改进论文,整合为一篇更为充实、有说服力的论文。最后,他们合作的论文也发表了。这对于语言学刚刚入门的学生是莫大的鼓励!

1997年,河南大学外语学院英语语言文学专业获批博士点,他是第一批博导。他从1998年开始招收博士,每次招收一名博士(名额有限,而且不是每年都招生),在河南大学先后招收了7名博士生、4名博士后。后来,他又受聘兼任广东外语外贸大学、四川大学外语学院、西南师范大学(现在的西南大学)博士生导师,共招收了4名博士。在2001年,他被华南师范大学聘为特聘教授,主要培养他们的骨干教师,提升科研实力。

在河大工作期间,他致力于学科发展和科研团队建设,带领硕士生和博士生开展一系列语言学研究。同时,他还建议和鼓励大家注重一线的本科教学,将教学与科研紧密结合起来。2001年,他获得"全国模范教师"称号。

徐盛桓2001年获"全国模范教师"称号

自20世纪90年代初至2020年在河大退休（退休后仍然享受退休前的工资待遇），他的学术研究经历了几次转向与发展。

他在语用学方向的研究始于20世纪90年代，其探索多是围绕语用推理的展开而进行的研究，这是因为他注意到语用学有一种理论值得重视，就是关于"常规关系"的理论。"常规关系"这个概念既联系着传统的语用推理研究，又同认知研究和现代逻辑推理研究相通。1987年，列文森在《语用学杂志》发表《语用学与前指代语法》一文，认为即使在约束条件下，语用推理也可能要参照常规关系，这就使转换生成语言学所说的"约束条件"的"先天性"受到挑战。列文森根据新格赖斯的合作原则的量准则，提出了新格氏的语用推理三原则，其中的"信息原则"提到，要以符合常规关系作为话语理解的一项指标。1991年，列文森在《语用学杂志》发表"Pragmatic Reduction of the Binding Conditions Revisited"，再次提到对"约束条件"的"先天性"的挑战,再次论证了话语理解对常规关系的依赖,并且把他所提出的三原则称为新格氏语用推理机制,"常规关系"就是新格氏机制里的一个重要概念。基于此,徐盛桓的许多研究是围绕新格氏机制和常规关系展开的,他对语用推理的研究,断断续续持续了十多年,并且生发出一些有意义的研究。这构成了他在1993~1998年研究论文的主旋律,如《论"常规关系"》(1993)、《常规关系和文化教学》(1996)、《含意运用与常规关系意识》(1998)等。通过这一段时间的研究,他认识到,含意是话语的本体的一部分,而语言的运用包括运用话语的含意性和运用含意思维。他写了《含意本体论研究》(1996)、《话语的含意性》(1996)、《话语含意化过程》(1997)、《论含意思维》(1997)、《含意的两种形态》(1997)等文章,将含意看成是话语本体的一部分。

他在含意研究的过程中发现,将常规关系引入语用推理中,与在人工智能和认知科学中进行常规关系推理研究的思路一脉相承。进入21世纪,他将常规关系研究同认知研究联系起来,发表了《常规关系与认知化——再论常规关系》(2002)一文,从而进入认知语用学的研究。他在研究中试图建立起语用推理的常规关系的心理模型,著文《基于模型的语用推理》(2007)。并将常规关系同句法、话语(包括文学话语)、修辞等研究联系起来,努力建立一些使用比较简便而又稳定的生成和理解的机制,并运用这样的机制进行研究,写了一些"为什么可能"系列。在其中的"隐喻为什么可能"的研究中,他系统地讨论了同比喻中的本体和喻体有关的概念的内涵、外延之间的关系,用内涵、外延的传承来说明隐喻发生的机制,这就是《外延内涵传承说——转喻机理新论》(2009)。

在比喻的研究中他发现,有一些喻体是以偏概全的。如转喻以竹子指代箫,就是因为并不是所有的竹子都能做箫的原材料。有些成语、诗词、话语也有这样的情况。这引发了他对指类句的研究,发表了《指类句研究的认知——语用意蕴》(2010)。

2010年开始,古稀之年的徐盛桓开展了一项新的研究:心智哲学与语言研究。他将这次研究的转向称之为"白首变法"。

2000年徐盛桓在伦敦

徐盛桓教授与王振华博士

六　白首"变法"

徐盛桓在课堂上

自2010年开始,徐盛桓开始尝试将心智哲学的研究成果同语言学研究相结合,开拓语言学研究的新进路。经过三年多的潜心研究,他和他的团队取得了丰硕的成果。

在2013年徐先生75岁寿辰之际,《当代外语研究》编辑部特邀他开辟《心智哲学与语言研究》专栏(2013年第6期),一来表达寿辰祝贺,二来致敬他"老当益壮"开展新的语言学研究领域——心智哲学视域下的语言学研究。在该专栏中,徐先生以《白首变法　好个江天》为题,回顾和阐述了他开展心智哲学与语言研究的初衷和历程,引述如下。

沁园春·七五自述

流光递换,宾鸿南北,暮年未倦。
偶蓦然回首,早杖于国;忽漫沉吟,入豫多年。
笑看浮名,苍狗而矣,岁过古稀甚未见?
天有情,赐我精卫,年填数篇。

亟敞寒牖陋户,引心智哲学肩并肩。
纵未国未省,不著一字;非特非二,更戏长川。
白首变法,飒爽眉宇,上下驰骋好江天。
携此笔,傍汴河珠水,再写十年。

这首词中提到的"白首变法",指他将心智哲学研究成果运用于语言学研究一事,是徐先生经过慎重考虑而做出的选择,而这一选择也受到齐白石年近花甲时"衰年变法"的激励。因为2010年徐盛桓已年逾古稀,故而特别慎重:既要考虑到他自己的能力,也要考虑是否可行,即心智哲学的理论、观念、概念是否适用于语言研究的问题。他说是受齐白石"衰年变法"的深刻影响,是用齐白石的精神和毅力自励自策。齐白石说,书画之事不要满足于一日之成就,要一变百变才能独具一格,不计一时之利,求万世之功。徐先生不敢说自己的研究多么独具风格,更不敢奢望有什么成就,只是想多少能按陈寅恪的"四不讲"的精神要求自己:"前人讲过的,我不讲,近人讲过的,我不讲,外国人讲过的,我不讲,我自己过去讲过的,也不讲,现在,只讲未曾有人讲过的。"他按照这"四不讲"的精神要求自己,希望自己视研究为工作,而不是借研究之名沽名钓誉或虚度时光。齐白石在开始变法后说:人欲骂之,余自听也;人欲誉之,余勿喜也。齐白石的"骂"要"听"和"誉""勿喜"的教诲,一直鞭策着徐盛桓。齐白石在1919年时已56岁,在当时著名画家陈师曾的劝说、鼓励和支持下毅然开始"变法",并因有陈师曾的评点初露头角。然而,1923年陈师曾去世,当时的世人并不识齐白石的画法,齐白石受到冷落。但齐白石不改初衷,不计较一时之得失,正如他自己说的,"扫除凡格总难能,十载关门始变更"。变法用了10多年,终于使齐白石的画风独具一格,他笔下的红花墨叶成为世界画坛不朽的瑰宝名作,而他"衰年变法"的精神也成为激励徐盛桓教授奋发图强、创新图变的强大精神支柱。

  他之所以选择心智哲学,以心智哲学的理论进行语言研究,是因为心智哲学虽然是关于身心关系的形而上的研究,但在讨论物理事件与心理事件的关系时,揭示的是一些人们心理活动的重要规律,如属性二元论、心理随附性、心理感受的涌现性等,并且可能体现为某些具体的心理活动。有些是在所谓民间心理学中有很多的讨论,或者体现为格式塔转换。这些都可能作为语言研究的理论资源。另外,研究揭示,语言表达基本上是表达人类的感知和感受。这方面的研究,同语言的认知研究是有可能相似的。心智哲学与语言研究是个新课题,他前期的研究基本梳理了一个大致的框架,同时参照了认知科学表征和计算理

论。他设想了如下几个计算和表征的步骤:

(1) 在语言运用中,感觉和知觉的过程是从什么开始的?
(2) 在这过程中哪些主要的变量在语言表达中起作用?
(3) 这些变量如何组合成为计算模型?
(4) 计算过程和结果是如何在大脑表征的?
(5) 大脑的表征又是如何被语言表征的?

这里的每一个步骤,甚至包括其他一些步骤,都需要深入研究加以充实。心智哲学与语言研究是徐先生七十岁以后开始的一项新研究。他深知,这样的新研究或者其他什么新的理论,在有些人眼里,同已经在国外发展了几十年的语言学理论相比较是完全没有竞争力的。他只希望能尽量多做深入细致的分析、推论、证明,甚至证伪,看看心智哲学研究能在多大限度上对语言研究有参考价值。他之所以开展这项研究,是因为半个多世纪以来的语言研究的趋势是:研究者越来越重视人的因素在语言中的作用,具体来说是人的大脑功能和认知状态对于语言的形成和运用的影响;越来越关注心智与语言关系的解说,以说明意义是如何建基于更具生物学意义的心脑关系之上的。参照心智哲学研究进行语言研究,就是看能不能在这方面对语言的认知研究有所推进。

他将其所开展的心智哲学与语言研究概括为五个观点:计算观、意识观、意向观、涌现观、拓扑观。心智哲学视域下的语言研究就是尝试用这五个观点来构建分析语言的理论和框架。这些观点综合起来的大意是:心智是一个计算系统,心智运作的方式可以隐喻地说成是"计算";语言活动表现为意识活动,因此语言活动的过程就是一个心智计算的过程;作为语言运用的意识活动起始于意向性,意向性贯穿语言活动的始终,意向性具体包括意向内容和意向态度两个维度,意向态度又可以细化为心理状态、心理估量和心理取向;最后涌现为大脑里的意象,成为语言表达式的用例事件;这个过程就是从事件变换为用例事件,即拓扑变换。鉴于此,他发现心智哲学的研究成果为语言研究带来了新思路,有效拓展了语言研究的空间。

他将心智哲学视域下的语言研究的方法论原则总结为三条。一、选择原则。语言研究与心智哲学理论的关系可按"择其善者而从之,择其易者而用之"的原则,不参与哲学的讨论。二、重点原则。研究内容包括实在存在和虚拟存在,以后者为研究的重点。三、顺序原则。按"反溯推理"的顺序,即语言进行就是以有关的语言现象为果,运用反溯推理,从"果"反溯出语言现象的"因",完成研究任务。

在以上观点和原则的指导下,他发表了一系列相关论文,如《心智哲学与语言研究》《从心智到语言——心智哲学与语言研究的方法论问题》《心智哲学与认知语言学创新》《语言研究的心智哲学视角》《感受质与感受意》等;他还创建了"心智哲学与语言研究"研究团队,举办心智哲学与语言研究研讨会和讲习班等,不断探索心智哲学视域下的语言研究。

"东隅已逝,桑榆非晚",徐先生以此激励自己,在语言学创新研究的道路上越走越宽广!正是因此,他退而不休,期许"飒爽眉宇,上下驰骋,迎来一个好江天"。也正是因此,他在80岁高龄仍继续语言学的创新研究。

徐盛桓先生七十华诞学术研讨会及庆典活动在河南大学举行

为庆贺徐盛桓先生七十诞辰,受中国认知语言学会委托,根据徐先生一切从简的意愿,来自全国各地的徐先生的弟子和徐先生直接指导过的年轻学者30多人于2008年7月3—4日在河南大学举办了"贺徐盛桓七十华诞暨认知语言学和语用学研讨会"。

研讨会围绕徐先生一贯倡导的"语言学要研究语言本身的问题"的学术思想,运用徐先生呕一生心血发展起来的语言学理论探讨了各种各样的语言现象背后的机理。北京大学陈香兰、上海财经大学王志军、四川外国语学院廖巧云、三峡大学雷卿、河南大学王振华、四川大学黄星等在研讨会上作了主题发言,分别探讨了疑问句中的强疑问、弱疑问之间的关系、转喻和间接言语行为之间的关系、隐喻的认知机制、"内涵外延传承"在脑筋急转弯中的运作机制、系统科学与语言研究的关系、生成整体论对句式生成的制约等问题。大会发言结束后,徐盛桓先生作了以"关于语言学研究创新"为题的讲话,强调语言学研究要注重创新,注重可持续发展、注重研究语言本身的问题。

与会者还简要回顾了徐先生三十年来学术思想的发展历程。徐先生一贯立足学科前沿,坚持创新研究,深入探讨语言现象背后的机理,其研究涉及句法学、系统功能语言学、语用学、认知语言学等领域。他的本体论研究、"常规关系"理论、基于心理模型的语用推理机制等理论思想在语用学和认知语言学界享有很高的声望,为语言学研究提供了新的理论工具。徐先生著述丰硕,思想敏锐,对各种研究方法兼容并取,创新的科学精神贯穿他研究的始终,并坚持为师之道,提携后学,为科学精神的传承和发扬倾尽心血,在外语语言学界作出的贡献有口皆碑。

7月4日中午,会议代表为徐先生举行了简朴而愉快的生日庆典。河南大学、河南大学人事处以及外语学院送来花篮、蛋糕表示祝贺。中国认知语言学研究会、上海外国语大学束定芳教授、四川外国语学院王寅教授、国际关系学院张辉教授、湖南大学刘正光教授等单位和著名学者个人发来贺电表示祝贺。中国认知语言学研究会委托常务理事牛保义教授在庆典上向徐先生献上由中国认知语言学会策划、束定芳教授主编、上海外语教育出版社出版的《语言研究的认知和语用视角——贺徐盛桓先生70华诞》一书,以祝贺徐先生70华诞和他对语言学研究作出的贡献。

(牛宝义 吴炳章)

徐先生七十华诞学术研讨会及庆典活动报道

七 "80后"生活

徐先生和太太在广州家中(2021年2月)

徐先生幽默地称自己为"80后"(他出生于1938年,年过80),尽管已经退休,却仍然笔耕不辍,创新不止。

石毓智教授曾在2018年6月29日的博文《徐盛桓先生80华诞感言》中这样描述:

"徐先生是地地道道的布衣学者,但是他在外语学界的地位和威望罕有其比。这还是其次的,更重要的是整个学界对徐先生的尊重爱戴可以说是无以复加。特别值得一提的是,作为一个布衣学者不想低调也得低调,因为你没有资格高调,可是徐先生还是布衣学者中的低调者。他是低调再低调,低调的极限。这是真正的最高境界。据我所知,迄今只有徐先生一人做到了这一点。"

"徐先生的学术成就如何,我只讲一个指标来说明一下。《外语教学与研究》是中国语用学界学术影响指数第一的刊物……徐先生从20世纪80年代初至今,已有32篇文章在这个刊物上发表,是迄今在《外语教学与研究》发文最多的学者。而且徐先生的文章几乎都是独创性的学术研究,已在学界产生了极大的影响,就其论文而论,在中国知网上引用次数达万余次,在整个学界罕有其比。"

"《诗经》上有这么两句话:'高山仰止,景行行止。'说的大概就是徐盛桓先生这样的人吧。"

当上海交通大学马丁适用语言学研究中心准备刊发徐老师写给弟子们的研究寄语时,草拟了他的个人简介,如下:

"徐盛桓1983年被评为副教授。1984~1986年,作为高级访问学者在澳大利亚悉尼大学语言学系研究外国语言学。回国后继续在华南师范大学外语系任教,从事语言学研究。20世纪80年代中期在语言学(尤其是功能语言学)研究领域取得了突破性的创新和丰硕的科研成果。1987年被评为教授。1995年受邀调至河南大学任教至今。1998年始担任博士生导师。2000年获国务院政府特殊津贴。2001年被华南师范大学聘为特聘教授。现兼任广东外语外贸大学和四川大学外语学院博士生导师,是河南省学位委员会委员、河南大学学术委员会委员、广东外语外贸大学外国语言学及应用语言学研究中心学术委员会委员,国内多种外语类核心刊物、学术丛书的编委、顾问,发表学术论文200多篇。目前主要研究兴趣为量子纠缠与语言认知。"

定稿之后,研究中心主任王振华教授(也是徐老师的博士)与同师门的其他博士谈到简历的修改,感慨万千:"简历修改一事,足以说明,我们恩师的人品和学品是众人难以企及的。他是我们做人的真正的楷模。按他的要求,对他的介绍只写一句话,即'起初就职于华南师范大学,1995年受邀调入河南大学至今'。经几番央求,最后的定稿是'徐盛桓,教授,博士生导师。最初任教于华南师范大学,1995年受邀调入河南大学至今。1984~1986年,澳大利亚悉尼大学高级访问学者。被学界誉为"布衣学者"'。"

上海交通大学马丁适用语言学研究中心所刊发的徐老师所写的师训"育新机,开新局——学'习'进行时"更彰显了其与时俱进、不断创新的一贯作风。寄语如下:

育新机,开新局——学"习"进行时

2016年5月,习近平总书记就哲学社会科学研究工作做了重要的指示;最近向全国提出一个重要的思想方法:在危机中育新机,在变局中开新局;之后又在《求是》发表论文,论述工作中补短板的问题。

就语言学研究来说,自索绪尔以来,他们经历过一次又一次的变局:捡大的方面来说,从结构主义语言学,到生成语言学,到功能语言学,再到认知语言学,以及在这些不同的理论氛围进行的各种语言现象研究中,每一次的变化和发展,都会有挑战和机会让他们育新机、开新局,就看他们如何把握时机。

当代观察语言学研究要有一个宽广的视角,要放到世界和他国发展大历史中去看。习近平指出:"人类社会每一次重大跃进,人类文明每一次重大发展,都离不开哲学社会科学的知识变革和思想先导。"把握语言学研究的变化和发展,时刻都不能离开科学知识的变革和思想的先导。习近平指出:"面对世界范围内各种思想文化交流交融交锋的新形势,如何加快建设社会主义文化强国、增强文化软实力、提高我国在国际上的话语权,迫切需要哲学社会科学更好发挥作用。"但是,正如习近平所指出的在哲学社会科学其他学科存在的问题那样,在语言学研究中同样存在着学科发展战略还不十分明确,学科体系、学术体系、话语体系建设水平总体不高,学术原创能力还不强的问题;总的就是,语言科学还处于有数量缺质量的情况,我国语言学研究在国际上的声音还比较小,还处于有理说不出、说了传不开的境地。这就要求我们要善于提炼标识性概念,打造易于为国际社会所理解和接受的新概念、新范畴、新表述,引导国际学术界展开研究和讨论,提高我们语言学研究在国际上的话语权。这里就有巨大的挑战且蕴藏着许许多多的机遇,需要清醒而自觉地补好各种短板。

在语言研究中育新机、开新局,为的是更好地开展研究,提高我国语言学研究在国际上的话语权。习近平指出:"坚持问题导向是马克思主义的鲜明特点。问题是创新的起点,也是创新的动力源。"坚持问题导向才能推动理论创新。从这个意义来说,在语言学研究中育新机、开新局,离不开提炼新问题和提炼解决这些新问题的新思想、新方法;说到底,就是为解决新问题而提出新理论、新框架、新范畴、新概念、新表述。

毫无疑问,要实现这些,就要求研究主体有水平、有高度、有格调。在天空中飞机的高度往下看,你看到的是一片大好山河,美丽多彩,变化万千;在二楼往下看,你看到的可能只是一片鸡毛蒜皮。说到水平、高度、格调,你在十岁做小学生的时候,或许还可以怪父母没有给你遗传像杨振宁、屠呦呦、莫言那样的基因,但到了二十岁三十岁你做大学生、做研究生、做博士生的时候,你就没有借口埋怨了,因为从十岁到二三十岁这十几二十年里,做什么人的"基因"是由你自己锻造的。是刻苦学习知识、坚定理想信念、磨炼坚强意志、锻炼强健体魄,为提高我国学术研究在国际上的话语权尽一份力,还是干等父母的遗传,这就要看自己了。正是得失两忘心头净,板凳冷清好读书。年青时候,成功是一种实物,随着年岁的增长,成功是一种状态、一种领悟。

学习在危机中育新机、在变局中开新局,这一重要的思想方法永远在路上。

自2018年1月至2021年12月四年间,徐先生发表论文18篇(包括合著),其中9篇为CSSCI期刊文章,包括《外语教学与研究》和《外国语》各两篇。他说80岁以后,思路似乎更加开阔,创新和构建理论是他孜孜不倦的动力。在天津外国语大学《"文明互鉴·文明互译"百家谈》第八期"新全球化与文化传播"专题中,他再次强调了创新自信在社科研究中的重要性。转载如下。

2020年5月29日在第四个"全国科技工作者日"到来之际,习近平总书记在给袁隆平、钟南山、叶培建等25位科技工作者代表的回信中指出,创新是引领发展的第一动力,科技是战胜困难的有力武器。他希望全国科技工作者弘扬优良传统,坚定创新自信,着力攻克关键核心技术,勇于攀登科技高峰,为把我国建设成为世界科技强国作出新的更大的贡献。

我们不是从事科技工作的,但哲学社会科学研究同样是以创新作为引领发展的第一动力,同样要着力攻克关键核心理论,勇于攀登研究高峰。习近平指出:"面对世界范围内各种思想文化交流交融交锋的新形势,如何加快建设社会主义文化强国、增强文化软实力、提高我国在国际上的话语权,迫切需要哲学社会科学更好发挥作用。"但是,正如习近平指出的哲学社会科学及其他学科存在的问题,在语言研究中同样存在着学科发展战略还不十分明确,学科体系、学术体系、话语体系建设水平总体不高,学术原创能力还不强的问题。总的就是,语言科学还处于有数量缺质量的情况,我国语言学研究在国际上的声音还比较小,还处于有理说不出、说了传不开的境地。这就要求我们善于提炼标识性概念,打造易于为国际社会所理解和接受的新概念、新范畴、新表述,引导国际学术界展开研究和讨论,提高我们语言研究在国际上的话语权。这当然是很不容易的。

习近平在哲学社会科学工作座谈会上的讲话中提到:"理论思维的起点决定着理论创新的结果。理论创新只能从问题开始。从某种意义上说,理论创新的过程就是发现问题、筛选问题、研究问题、解决问题的过程。"如果我们的语言研究只能是在人家圈定的问题、概念、范畴、表述的话语里进行,那就很难有理论创新了,关键是要把确立我们的文化自信作为一个重要的抓手。叶帅有诗云:"攻城不怕坚,攻书莫畏难。科学有险阻,苦战能过关。"学海无涯,横渡靠思想引领;书山万仞,攀登赖志气支撑。

学"习"永远是进行时,永远在路上。

2021年春节,他写给弟子们的新年贺词同样鼓励大家创新和开拓。

各位同行:

牛年同大家拜年,祝大家牛年大吉大利!

牛年祝大家都做自己子女可亲的孺子牛;还要做教育事业的勤恳的老黄牛、新时期我国外语界语言研究中国化有心的垦荒牛,在这方面作出更大的新贡献,行稳致远。久久为功,虽然道阻且长,但行则将至。

向同行们学习!

徐盛桓

以上转载的文章和邮件都是徐先生80岁以后所写,但谁能感到是出自一位八旬老者呢?他的好奇心和想象力,他对于语言研究的孜孜以求、满腔热忱何曾因岁月而减退呢?下面的《十六字令》大概是他对自己80岁以后语言学研究的最好写照吧。

十六字令

三。
八十三载研正酣。
手难收,
键盘密密按。

八　师生情

徐盛桓的学术成就众所周知,有目共睹。但是他的教学与学生培养,为师、为人等却是大家不熟悉。下面是他的博士、博士后及得到过他学术指导与帮助的学生和教师们所记述的他们心目中的徐老师。

徐盛桓先生是语言学研究领域的一位"大先生"

河南大学　牛保义

习近平总书记2016年在哲学社会科学工作座谈会上的讲话中号召广大哲学社会科学工作者,要立时代之潮头、通古今之变化、发思想之先声,积极为党和人民述学立论、建言献策,担负起历史赋予的光荣使命。前教育部部长陈宝生指出,始终坚持培养一流人才方阵的关键支撑,以培育新时代哲学社会科学家为总牵引,布局引领未来人才体系,培养"大先生"。我个人认为徐盛桓老师就是这样的积极为党和人民述学立论的、语言学研究领域的一位"大先生"。

徐盛桓老师虽已年过八旬,但仍笔耕不辍,现已发表论文200余篇,可谓"积极为党和人民述学立论"。据不完全统计,徐老师仅在《外语教学与研究》一家就发表论文30余篇;据科学技术文献出版社出版的《中国期刊高被引指数》,2008年和2009年,徐盛桓在全国各学科混合排名前100强中分别名列96名和72名,在语言文字学专业分别名列第2名和第3名,可谓"大先生"。作为学生,我认为徐先生的"大"还体现在他语言学研究的原创性、主体性、敏感性和多元格局。

1. 原创性

徐老师2007年谈语言学研究自主创新时指出,语言研究中要注意"照着讲"和"接着讲"。所谓"接着讲",就是将本土的研究作为全球化语境下现代语言学研究的一部分,承接现代语言学研究的基本取向、重大论题和有效研究方法,结合我们的需要、特长和兴趣,开展原创性的研究,得出既是独创性的又是普适性的理论。徐老师给我们上课讲论文写作时常常这样说,写论文就要有"新意",没有"新意"就不要写。"徐老师是这样说的,也是这样做的。通过研究英语合成词、主位和述位、篇章结构表达等,徐老师提出了有关语言存在、变化和运用的结构边界律、示差经济律和转换守恒律;有关句子结构转换和功能表达的错位律、突显律和全息律;有关观察语言现象的不完备原则、不相容原则和不确定原则。(详见徐盛桓1990、1991、1993年的论文)这些"接着讲"出来的规律、写出来的原则彰显了作者的创新意识,具有原创性,被学界普遍接受。

2. 主体性

除了"接着讲"和"写出新意"外,徐老师的语言学研究注重提炼被学界普遍理解和接受的、具有主体性的标识性概念。"常规关系"就是徐老师语用学研究精心打造的具有自己主体性的一个标识性概念。这一概念源自20世纪80年代末语用学家莱文森提出的会话含义三原则(量原则、信息原则和方式原则)中的信息原则。徐老师在对会话含义的本体性深刻阐释的基础上,将莱文森信息原则的常规关系拓展至量原则、荷恩等级,进而抽象出具有一定普适意义的"常规关系原则"。随着研究的深入,徐老师发现人们的语言使用推定话语涉及的对象之间存在着常规关系,建立了基于常规关系的语用推理模型。从"关系"到"原则",再到"模型""常规关系",就这样一步一步地、实实在在地本土化为徐盛桓语用学思想的标识。

3. 敏感性

徐老师语言学研究的原创性、主体性与先生对语言现象的敏感性、对学术前沿的敏感性和对科学理论的敏感性有很大关联。20世纪90年代初对广告语言的研究,2006年对"玉米""盒饭""成都小吃团"的认知解读代表着徐老师对语言现象的高度敏感性和敏锐洞察力。随着20世纪90年代认知语言学研究热点的兴起,1999年徐老师将莱考夫等人的概念隐喻理论和兰盖克的认知语法思想引入了他讲授的博士生课堂;20世纪初开展了常规关系的认知化和双及物构式等的认知探索,取得了一系列前沿性的研究成果。从参考"老三论"(系统论、控制论和信息论)到"新三论"(耗散结构论、协同论和突变论)得出语言的"三律"(结构边界律、示差经济律和转换守恒律),从生成整体论视角成语的生成研究到分形论视域下隐喻研究和隐喻的非线性转换,可见徐老师不断从新的科学理论中汲取营养创新自己的语言学研究。

4. 多元格局

为什么徐盛桓老师的语言学研究能够言他人之未言、想他人之未想、见他人之未见？我个人认为关键在于他多元的学科格局。徐老师丰富多彩的著述就是作者多元学科格局的鲜明体现。1965年在《外语教学与研究》评英美文学欣赏，1980年在《外国文学研究》谈《探长的查访》的戏剧结构，1984年在《外语教学》发表《法语复说法的交际功能初探》，1988年与他人合作在《心理科学通讯》上刊文《学龄前儿童篇章意识和篇章能力形成和发展的初步探讨》，1989年在《现代外语》谈翻译学的研究，1986年在《现代外语》谈外语教学中的估评与预测……更为值得称道的是，年逾八旬的徐老师最近还在指导我们运用分形论思想观察、分析语言现象。

这里使我想到2021年诺贝尔物理学奖得主之一意大利科学家乔治·帕里西，媒体介绍他的获奖原因时如是说："他发现从解剖学到行星尺度的紊乱和物理系统波动之间的联系。"这一介绍里"解剖学、行星尺度紊乱和物理系统波动"表明帕里西的物理学研究至少涉及三个学科：解剖学、气象学和物理学。因此是否可以说，科学研究要有大格局；多元的学科格局、多元的学科知识积淀是这些科学"大先生"们共同的学术品质。

最后我想说的是：做语言学研究就是要像徐盛桓这样的"大先生"们那样，既要有脚踏实地的语言实例剖析，又要有主体性、原创性的理论概念和观点学说构建。

徐盛桓先生——我的恩师、我的灯塔

上海交通大学　王振华

1. 主位与述位

第一次听到徐盛桓这个名字是1994年。那年夏天,我有生第一次参加北京大学举办的学术会议。会议的名称现在记不起来了。但是,让我难忘的是胡壮麟教授在他的大会发言中提到了"functional grammar(功能语法)",并把"grammar"中的"ar"读成了类似"马"的发音。这是其一。其二是,茶歇时,我参与了与胡教授的聊天。在聊天中,他提到了华南师范大学的徐盛桓老师(1995年被引进河南大学任教),说徐老师是率先在国内发表有关功能语法论文的学者。

之后,功能语法和徐盛桓的名字在我脑海里一直挥之不去。有意思的是,我竟然把我对功能语法肤浅的了解用到了当时我负责的河南大学外语学院"一体化班"的培养教案里。期间,在阅读1982年第1期《外语教学与研究》时,徐先生的大作《主位与述位》赫然入目。读后,隐约觉得功能语法博大精深。

我在本科阶段学习时,最不喜欢的课程就是语法课。但是,听到胡壮麟教授把徐盛桓的名字和功能语法同时提及,加上后来对徐先生的关于主位述位的论文的了解,我渐渐地喜欢上了语法,尤其是功能语法。就这样被指引着,我竟然在拿到澳大利亚政府奖学金后选择了到悉尼大学跟随马丁教授攻读系统功能语法!

2. 语法离我们有多远

读完悉尼大学的功能语法,感觉到了这个理论和实际联系得很紧密,也感觉到了这个理论真的博大精深。但是,总觉得对它的掌握不得要领,不知其所以然。1999年回国后的一天,我聆听了徐先生的一场学术报告,记得题目是"语法离我们有多远"。其中,徐先生将语法分为语法Ⅰ和语法Ⅱ。语法Ⅰ是人类语言自组织、自调节的规律性的东西的集合。语法Ⅱ是语言学家尤其是语法学家对语法Ⅰ的规律性的观察、分析和描写的结果。徐先生这样的概括归纳,让我茅塞顿开。原来我对功能语法的理解没有上升到宏观层面,而是纠结在具体的语法知识上。在这之后,我在学习功能语法时,开始关注它的语类思想、语域思想、语境观、元功能思想、系统思想、语篇语义观等这些宏观的东西。是"语法离我们有多远"于2000年领我进了"徐门",成了先生的嫡传弟子。

3. "谁给乔姆斯基什么奖了?谁给韩礼德什么奖了?"

在先生麾下学习,总有一种打了鸡血似的兴奋。那期间,我的时间除了上课,大部分都是泡在外语学院的资料室里,在那里读读写写,也曾经一年发表过六七篇论文。可能是因为我努力工作和学习吧,所在学院推荐我申报省级五一劳动奖。我没有推辞,填写了申请表。但是,表中要求有推荐人写推荐意见并签名。领导建议徐先生为推荐人。于是,我拿着表找到了先生。我是一个说话不绕弯子的人,再说,先生那么平易近人,我也没有必要绕弯子。进了屋,寒暄后就直接说明来意。先生比我更直接,他没有说是否答应写推荐意见,而是直接问我:"谁给乔姆斯基什么奖了?谁给韩礼德什么奖了?"两个问题警醒我:做学问不要以名利为前提。我立即回答说:"老师,我明白了。"从此以后,我养成了淡泊名利的习惯,也渐渐地让自己成为一个以学生为中心的教师、一个系统功能语言学和司法话语研究的爱好者。

4. "知识是学不完的,方法是最重要的"

读博的过程很艰辛。对于一个上有老下有小,还要隔三差五送小女儿去医院就医的年逾40岁的男人尤其如此。徐先生也许觉察到了我的不容易,在指导我的时候,总是想方设法帮我排解困难。让我最难忘的一件事情发生在2001年。那年,外语教学与研究出版社引进出版了一套"当代国外语言学与应用语言学文库"。先生为 Jacob L. Mey 著的《语用学引论》写了导读,因此,外研社送给了先生一套文库。先生又将这套文库送给了我,这让我喜出望外。其实,现在想起来,还是很激动。接过文库,我就下决心通读。但先生却意味深长地说:"知识是学不完的,方法是最重要的。"这句话一直影响着我,也让我养成了遇事先从方法入手的习惯。在我之后的读书过程中,除了语言学的研究方法,还去涉猎其他学科的方法,如贝特朗菲的一般系统论及复杂性科学的思想等。

2007年我有幸到上海交通大学工作,一共招收指导了19名博士研究生(2020年因年龄原因停招)。每当有学生把时间和精力集中在知识点上的时候,我都会告诉他们,我的导师徐盛桓先生曾在我读博期间告诉我"知识是学不完的,方法是最重要的",用这句话去激励和引导他们从方法论的视角学习和研究。

5. 我永远的灯塔

时光荏苒。眼下,先生已到耄耋之年,但依然笔耕不辍,年年都有新作发表,且不乏学术前沿研究。先生的治学精神和老骥伏枥的学术执着从来没有停止过对我的激励。这种激励就是一座充满爱的永恒的灯塔,无声无息地为我护航,让我在至暗时刻看到光明,越过暗礁,一个航程接着一个航程,不断地航行在学术研究的海洋上。我多么希望将来能成为徐先生的"述位"啊!

三个片段

四川大学　黄丽君

我是从 2008 年开始在徐老师的指导下开启博士研究生阶段的学习。一晃十多年过去了,博士在读期间及博士毕业之后,老师一直引领、指导我在学术上不断成长。泽深恩重,无法一一列举、细述,拾取三个小片段,重温在老师门下学习、研读的美好时光。

1. 一本杂志

每次来四川大学给我们上课和指导论文写作,老师的随身行李都很精简。小巧的行李箱里面总是装着一本杂志,那就是最新一期的《哲学研究》。徐老师一直教导我们,做语言学研究一定要关注哲学界的最新研究成果,要借鉴、借用哲学研究中适用于语言学研究的成果,结合自己的研究,勇于创新。我的博士论文写的是委婉表达。定题之初,我的信心是不足的,因为委婉语是语言学研究的老话题,如何推陈出新,如何把论文写出新意,我的心里是存疑的。是老师的循循善诱和谆谆教诲,让我明白视域的转换是语言学研究创新的一个重要机制,最终我的委婉语研究转换到以心智哲学理论为视域的研究,并顺利完成了博士论文的撰写。

2. 一个小本

老师总是随身带一个小本子,就是市面上常见的极为普通的小笔记本,里面记满了他随时随地收集到的最新语料。老师总是说,做语言学研究的,对新的语言现象、新的语言表达要敏感,要做好记录。记得有一次老师来上课,问及我的论文撰写进度,他突然掏出他的小本,缓缓地问我:"丽君,你做委婉语研究,你知道现在对网瘾最新的委婉表达吗?"我一时语塞,因为我的语料收集还没来得及更新。徐老师就指着他小本上的语料记录给我看:网瘾——网络依赖症。在那一刻我真切体会到,对新的语言现象和语言表达保持关注和敏感度,是做好语言学研究的第一步。老师给我做了好榜样。

3. 一个回眸

我跟着徐老师开始博士学习时,他已经年满70岁。每次老师都是从郑州、广州或者别的城市独自坐飞机来四川大学指导我们学习。高强度的指导工作结束后,老师就匆匆离开,从不稍事休息。每一次的机场送别的场景都历历在目,让我记忆犹新。在双流机场的安检处,老师用他温和的声音提醒我们注意论文进度,鼓励我们不断创新,同时要搞好自己的教学,过好自己的生活。我们在安检检查台外目送老师过安检,检查随身行李,收拾整理行李。一切妥当之后,老师就会转身回头,对着站在安检外的我们挥手告别,示意我们回去。回眸中又看到老师亲切而谦和的笑容,慈祥而充满希冀的目光。旷兮其若谷,温润如玉,谦谦君子,老师的形象在心中定格。

我和徐老师

四川大学　黄星

我是十几年前认识徐老师的。当时学院组织语言学方向的老师和徐老师在四川大学西门外的茗仁居茶馆座谈。第一次见到老师,就感觉他非常亲切,没有一点架子,说话逻辑严密,又非常风趣幽默。后来我有幸跟随老师学习,对老师的风趣幽默、严谨治学和持续创新很是佩服,而且大大受益。在学习过程中,我深深感觉到这三方面在老师身上是完全有机融合在一起的。

徐老师给我们上过好几门课程,例如认知语言学、语用学、语言学研究方法与新理论、博士论文开题报告写作、认知语用学、博士论文的选题与写作等。老师每次讲课3小时,思路清晰,层次分明,信息量很大。老师从我们熟悉的现象和生动有趣的例子出发,理论切入点巧妙,而且层层递进,分析和推导很严谨,处处体现出深厚的语言研究功力。老师还给我们推荐了很多论文和书籍作为课后阅读资料,鼓励我们加强思考,提高问题意识,随时用小本子记录语料,分析语料,热烈讨论,深入钻研,理论与实践相结合,做品学兼优的好博士生。

后来到了开题阶段,徐老师引导我一步一步考虑论文选题。三大步骤看似简单,实际上环环相扣,对确定选题和开始论文写作非常有帮助,在此分享给大家。

第一步,需要首先考虑3点:(1)有何创新点?(2)用何语料?(3)用何理论工具?第二步,老师要求我用较肯定的文字写出以下要点:(1)中英文标题;(2)研究目的;(3)研究范围;(4)必要性与可行性;(5)研究方法;(6)核心研究问题;(7)可能的结论。接下来的第三步,老师让我再考虑以下三个问题:(1)3~5个关键词;(2)目录;(3)写出第一章的第一句话。

回答完这三步的各个问题,我对自己的研究心里就有了底,理清了研究和写作思路。最后所有步骤走完后,我才恍然大悟,明白了每一步的意义和各个步骤之间的逻辑联系,深深体会到这种思考方式的指导意义。

徐老师常说,语言研究不是一项孤立的研究,而是要同当代语言学和其他学科的发展联系起来,从一个具体的语言现象入手,从语言学、心理学、语言哲学、心智哲学等多个角度进行综合分析,大胆借鉴其他学科的研究成果,通过对这个现象的深入研究,找出同类现象的共同机理,发现新东西。徐老师一直告诉我们,作为博士生,要坚持8个字:平等、快乐、无畏、创新。平等、快乐、无畏都是为了博士阶段研究的创新。为了创新,博士生要使自己的学习实现3个方面的重要转型:从引进、吸收转换为对观点的研究;从理论知识的接受转换为研究思路的训练;从知识的高积累转换为创新思维的培养。这8个字和3个转型一直是指引我学习和研究的明灯。在创新的路上,老师不断开拓的精神对我们是极大的鼓励。让我们一起在平等、快乐、无畏的创新道路上,走得更稳更好。

我和徐老师的迷宫探索之旅

四川大学　李红波

和徐老师第一次见面时,我还在读研究生。2004年,他来四川大学做学术报告。先生当时面色红润,声音洪亮,说英语时特别好听,十分标准的英音。老师讲语用学时举例子信手拈来,平凡的例子在老师的讲解中充满了哲理。我当时觉得特别厉害的地方在于我听的时候全都懂了,之后想起来又都不明白了,后来知道是因为自己学习不够系统、不够精深。所以老师的理论对我来说一直是个谜。

后来我留校了,学校为年轻教师提升专业素养给予了很多平台和大力支持。2009年,我如愿终于考进了徐老师门下,带着之前没有解开的谜和新增的许多谜,徐老师开启了他对我的"解谜"之教学。从语用学到认知语用学,从认知语言学到心智哲学,从内涵外延传承模式到语言-意识双重模式,从普通认知常识到热动力学……老师带给我的知识每时每刻都在更新进化,为我解决了一个又一个谜团。最后一个谜团就是:为什么老师可以永葆学术青春?每次和老师见面都会收获满满的新知识,我们似乎永远都跟不上老师的步伐。

我博士毕业答辩那天,老师平静地坐在我对面,微笑地看着我,缓缓地说:"红波的论文让我眼前一亮。"

我突然想起这么多年那些对我而言解不开的知识的谜,其实不是因为我笨,而是因为自己没有站在老师所指的高度去看这些问题,所以不能"眼前一亮"。而老师即使是在指导我的论文时自己也在学习、总结、升华,这是我们所追求的最高境界,老师一直在言传身教。

记得老师在我们的第一堂博士生课上就说了这么一句话:"读博,首先要学习如何做人,再是做学问。"老师用他这么多年在学术上的不断创新、追求卓越完美阐释了他要求我们做到的人生目标。我是徐老师指导的最后一个博士,是老师在四川大学招收的第四个博士,我深知自己远远没有达到老师的要求,更不敢企及老师那样的高度。但是我可以骄傲地对别人说,我是徐盛桓老师的学生,先做人,再做学问,这样才能够迷而不乱,忙而不弃,学而不腻,思而不迁。人生就是一个迷宫,徐老师是创造迷宫的人,也是引路人。

谢谢您,徐老师,我们还将跟着您再去探索下一个迷宫。

"斜杠 80 后"

河南大学　李淑静

提起徐老师,同行都知道他是我国语言学界的大咖,还有"徐大腕儿"的绰号。但最令我印象深刻的,是他在专业之外,还爱好广泛,擅长养花和赏析古典音乐,能写(小说、书法)会画!虽然语言研究是他的"主业",可其他的"副业"——各种兴趣爱好,也是相辅相成的,给他的工作和生活锦上添花。

1. 养花高手

记得在开封时,他家里总有鲜花和植物装点,文竹和蟹爪兰是他偏爱的,往往不止一盆。因为我不懂得如何养花,所以还向他请教如何养护这些花草,他就如数家珍般从花卉的习性讲起,说明光照、温度、湿度、肥料等对花卉生长的影响,什么花卉喜荫,什么花卉喜阳,哪些花卉要多日照,哪些要少日照,还有哪些要多施肥,哪些要少浇水等,娓娓道来,令人想赶紧种上几种,亲自体验一下其中的奥妙。虽然我至今仍不怎么会侍弄花花草草,但当时还是被他兴致盎然的讲解激发了好奇心,为他学术之外的学识所折服。

2. 音乐、舞蹈评论

每年的维也纳新年音乐会徐老师是必看直播的。如果碰巧元旦过后去看望他,他必然会聊一聊有哪些熟悉的和新的曲目,哪些是他最喜欢的,还会哼上一段,或从曲式赏析,或赋予音乐以画面,仿佛去了金色大厅般心满意足。他每次都会提到音乐赏析激发了他的想象力。对于古典音乐和舞蹈的爱好,可以追溯到他的青年时期,那时他已开始写舞剧评论了。去年和今年元旦打电话问候他,他首先问的就是是否观看了新年音乐会,感受如何,有哪些喜欢的曲目。正是因为徐老师的影响,观看维也纳新年音乐会也成了我每年的"保留项目"。因为自己从中受益,所以我也学习徐老师那样,推荐我自己的学生培养一点艺术爱好,多一点好奇心和想象力。

3. 书法、绘画

徐老师的书法是从小就有基础的,他的父亲以篆刻、润笔贴补家用,自然也教给他一些基本的章法。尽管徐老师总是说自己的字写得不行,没有下功夫练字,比不上父亲和哥哥,但是每每他写字送给亲朋好友,大家都格外喜爱,会裱好挂起来。在悉尼访学时,他还替人家的餐馆写过店名招牌呢!至于画画,水彩和钢笔画他都不在话下。可惜徐老师很低调,如果不是因为整理他的传记材料,看到他的作品,我尚不知他的画功呢!

4. 作协会员

徐老师从初中开始便在报纸发表文章,大学读书时在《作品》《上海文学》等杂志发表小说,之后还在其他报纸如《光明日报》《大公报》《羊城晚报》《广州日报》等发表音乐、舞蹈、诗歌评论,为《大公报》写专栏。1982年成为广东省作家协会会员。他也擅长写古体诗词。他的文采自不待言,例如下面这篇短文是徐老师1989年为他大学时的老师曾纪蔚从教六十年所做:

诗翁曾公翰章付梓志盛

诗翁曾纪蔚教授,我们的老师,从教六十年,兼任英语系、俄语系、外语系主任前后十八载。

一九五二年,蔚翁教授受命在华南师院俄语系主事,在党领导下,群策群力,启山林于南大,创新于石牌,逐渐发展成今之华南师范大学外语系。蔚公视政如家事,待学生以师心。教术素所蕴负,荫滋桃李;开课遍及多门,语擅俄英。金针之度,爱人以德;玉律之颂,启人以智。蔼蔼长者之风,谦谦君子之范,凡他芸芸学人,靡不同钦。

蔚公幼而勤,长而奋,多学积文,才华器宇,除泰西文学外,尤长于诗词:抛珠裁句,歌赓璀璨之章;泼墨生辉,字写梅花之帖。摘机云之丽藻,擅欧苏之风流。青年时作诗,常并译成英文,字字情珍,行行意锦。即于贵阳抗日艰苦岁月之际,亦诗作弗辍:半担琴书,一筐教案;两肩风雨,十幅华章。新中国成立后,诗兴更加勃发。每有新作,辄综庚新鲍逸之长,见贾推韩敲之功。校园之内,联吟结社,巍然大雅扶轮;盍簪论文,隐若中原扛鼎。打倒四人帮,特别是十一届三中全会以后,诗意更为蕴藉,一番风信,几度花飞,满眼春光,尽收吟篋。

诗翁之诗,文笔古茂洗练,时而圆洁如秋露,时而舒卷若春云。融篇则翩如惊鸿,飘似迴雪;琢句则瑰异秀冶,隽逸蜿蜒。铄字则绚烂极而平淡生,选韵则险夷尽而摇曳至。文章潇洒,寓睿智于醇瑾之中,读之如挹芝光,如聆玉屑,铭心若篆,留齿犹芬,心维口诵,实向往焉。

欣逢改革深入之日,开放向荣之时蔚师高寿,八秋有加;伉俪情笃,金婚将至;松姿益茂,蔗境弥甘。其琳琅满目之,有付诸梨枣之美,承系同人谬托,嘱他写缘起如上,以志其盛。历年曾公爱顾以隆,蒙屡赠诗,笺题谆挚,笔贻珠玑。窃愧砚台荒秽,未敢答奉,一如嫫母掩袖,钟离避照。亦以上所书申谢志感,铭情五内,亦聊表神往,时切葵倾,当庄颂九如,祝更高寿。

受业徐盛桓敬识于华南师大外语系
一九八九年盛夏八月

综上所述,徐老师显然就是现在流行的斜杠人士——语言学家/养花高手/书画达人/古典音乐爱好者/作者。因他自称"80后"(年过80),故称之为"斜杠80后"!

师恩难忘　永记于心

重庆师范大学　黄缅

"学高为师,身正为范"是著名教育家陶行知先生的名言,用来形容徐盛桓教授是再恰当不过的。这也是我对于他治学为人之感触,对于多年来受到先生的教导和关怀之感触。

我初次见到徐老师,是在十几年前。那时西南大学组织了一次全国性的学术会议,徐老师是大会的主旨发言人。我有幸聆听了他的讲座,当时就下定决心报考他的博士。第二次见到徐老师,是2005年在广东外语外贸大学,我成了他的学生,也更深入地了解了他的为人和治学。

徐老师是一位非常温和的老师,然而他对学术研究十分严谨认真,很严格地要求学生,这是他令人佩服的第一点。自我读博以来,发现徐老师常常提出新的学术思想,对学界影响至深,可谓一代宗师。对刚入门的学生提出的问题和观点,他都认真倾听,耐心解答。这样的雅量,尊重学术思想自由的卓见,是他令人佩服的第二点。这不仅是我个人的意见,徐老师的朋友、学生,凡是认识徐老师的人,都服膺他这两点美德。

徐老师对学生十分关心,是学生成长道路上的领路人。在学习上遇到困难,向徐老师请教,他总是热心指导,不倦教诲。走上工作岗位后,凡是遇到疑难问题,他也施以援手,毫无保留地对学生进行"传、帮、带"。徐老师是我们学习的榜样,激励着我们不断砥砺前行,做一名像徐老师那样,坚守初心、一心为学生的好老师。他心中对学术的追求和奉献,更是我们前行路上的灯塔,为我们之后的工作照亮了方向。

随风潜入夜,润物细无声

广州大学　何爱晶

时光荏苒,不知不觉追随徐盛桓老师学习已经15载,回忆起这些年的学习经历,最深的感触就是先生对学生的指导犹如春雨,随风潜入夜,润物细无声。先生指导过的学生遍布全国,无论是对"编内"学生还是"编外"学生,先生都倾囊相授。正是被先生人格魅力所深深吸引,我才在2009年博士毕业后立刻申请成了先生的博士后,幸运地成为先生的"编内"学生,在先生耐心指导下我在学术上才逐渐取得了点滴进步。

犹记得跟先生的初次相识是在2007年,当时我作为博士生参加中国认知语言学研究会和福建师范大学外国语学院联合举办的"认知语言学暑期讲习班",徐先生是主讲专家之一。彼时认知语言学被引入国内时日尚短,学术界普遍的做法是引用认知语言学的相关概念对汉语的语言问题做出一些尝试性的解释。但徐先生却从语言结构与整体生成的视角出发,对语言的认知问题做出了自己的探索和解释。作为学术菜鸟的我被这种"非典型"的认知语言学所深深吸引,课间小心翼翼地请教了几个问题。本来很担心自己的问题过于肤浅会被先生轻视,但出人意料的是徐先生耐心地解答了我的疑问,并且深入浅出地对一些认知语言学术语做出了自己的解读。本来对认知语言学一头雾水的自己似乎瞬间被拨开了迷雾,初步得窥认知语言学的学术轮廓。

有机会跟随先生进一步学习是因为2008年我的博导文旭教授要到美国访学一年,将我和师弟委托给徐先生代为指导。能够同时得到文老师和徐老师两位学术大咖的指导,我们无疑是极其幸运的。跟随先生近距离学习的这一年让我深刻地感受到了先生物质上的"极简"追求跟学术上的"极奢"追求之间的强烈对比。在河南大学教工宿舍那个杂草丛生的小院里,先生用最简单的饮食维持着最基本的生活,将所有的时间都用于思考和写作,在学术方面不断推陈出新。先生始终秉承创新精神进行学术探索:从"语用推理机制"到"生成整体论""内涵外延传承说",再到"心智哲学与语言研究"和"量子思维与语言研究"。可以说,正是先生这种学术上的极至追求为中国的语言创新研究注入了一股新鲜的血液,也对包括我在内的学生产生了深刻的影响。那就是要踏实地进行有意义和有创造性的研究。正是受到了先生这种研究作风的影响,我在日后的研究中尤其注重选题的"新"和研究的"实"。

当我进入河南大学外国语言文学博士后流动站之时,正是徐先生提出"心智哲学与语言研究"这一新的研究范式的发轫之初。最初听先生谈及"心智哲学"这个术语,只觉得陌生又深奥,更不懂所谓的"感受质""意向性""物理属性/心理属性"是怎么回事。但是经由先生深入浅出的讲解之后,才理解了这些术语的基本含义,在尝试着用这些哲学理论对语言现象进行阐释之后,似乎猛然发现了一条神秘的小道,通过它能够直达语言的本质和核心。自此,我在心智哲学与语言研究的道路上一路前进,在先生的指导下发表了系列相关论文,并于 2010 年获批了国家自然科学基金面上项目,2013 年获批国家社科一般项目,最终以"优秀博士后"的身份出站。

回顾自己追随先生求学之路,深感幸运,能够在先生的带领下进入一个全新的研究领域并且有一定的产出,这对于学术起点不高的我而言已经是极大的自我超越。而先生对我们的学术指导从来都是苏格拉底对话式的,在不断的追问中推动我们去探求新的未知领域。正是这种润物细无声的指导,让我深刻理解了作为一个学术人必备的关键能力和必备品格是什么。我想,这正是先生给予我的终生受用不尽的财富。感谢先生的教诲,吾辈当以先生为榜样,秉承先生的学术思想,坚持创新研究!

我眼里的徐老师

郑州大学　李文竞

徐老师在我眼里是一尊神,永远的神。

老师不仅什么都会,而且什么都精通。什么音律、几何、数学、物理等,老师都信手拈来。每次与老师谈论问题,老师就像姜子牙一样,挥一挥衣袖,神情自然地就把我日日夜夜苦思的问题一扫而过,这些问题在老师那都不是问题,就是一层薄薄的灰尘,轻轻拂去便是。

老师从来都是帮我找到自信。我因为工作中的困顿,偶尔几次没能完成既定学习目标时,老师从来不会批评我;我在老师面前坐立不安,老师一眼就能看出我的局促,轻松地转个话题,帮我慢慢找到自信。

老师的指导从来都是和风细雨。我一开始做研究时总是想把所有相关的资料都读完,预计要学的东西都学完再去写东西;我兴奋地跟老师汇报我又读了什么什么书,计划做什么什么事时,老师用那熟悉的广东普通话说:"哎呀,我告诉你,你不需要,直接做就是了。"从那以后,每次夜深人静我写不下去东西时,总能想起老师这句话,我知道我需要换个思路了。

八　师生情

与老师的交流不限于学习,还有生活和工作。有一次我在老师家吃饭,老师做的红烧鸡翅特别好吃,我问老师做法,老师端着碗,二话不说起身从厨房拿了一袋红烧肉调料包递给我,说:"就是这个。"我差点没笑喷,原来跨界创新不仅可以用于写文章,还可以用于做鸡翅。每次老师问我工作情况,我跟老师说这样那样的困惑,老师从来不是高高在上地指导我说该怎么怎么做,而是感同身受地理解我的想法,让我觉得我的困惑不是我个人的问题,是普遍的问题,然后我就不郁闷了。

老师的爱国情怀一直是我钦佩的。老师总是说,要先"学着讲",再"接着讲"。教导我不要对别人、别国的知识照搬照抄,要有自己的看法。老师说,用中文或者英文写文章都可以;不需要担心用中文写文章,外国人就不了解、就看不到我们的东西;只要文章有创新观点,外国人自然会自己想办法来了解我们的东西。在老师的鼓励下,我多次尝试用我自己擅长和喜好的数学及物理学写语言学的文章,虽然数量不多,但是每次写出来都能得到老师的肯定,这是对我极大的鼓舞。现在,我自己也当了导师,我把老师教我的,教给我的学生。

我从老师的编外博士生过渡到正规博士后,是我这辈子做得最正确的事情之一。有老师在,我就对自己的研究很有自信。老师每次给我的回信,都是我继续努力的起点。以前我总是跟老师汇报学习情况,现在出站了,又从师姐那得知老师身体偶尔会不舒服,所以就不烦劳老师了。

在老师那,我学到的不只是做学问的方法,更多的是做学问的精神。这种精神是孜孜不倦,勇往直前。老师总是说,要写着今天的文章，想着明天的文章；做着今天的课题，想着明天的课题。每次有点小小的进步，完成一个小小的任务时，我就会想起老师这句话。在老师的引导下，继续前进。

学术长青，创新不断

陕西师范大学　王艳滨

2015~2020年五年的博士后研究经历，让我有机会和恩师徐盛桓先生"亲密接触"，先生被称为语言学研究的"常青树"，虽已80余岁，却依然笔耕不辍，新思想不断。老师戏谑地说自己是"80后"，我认为即使是80后的研究者，也没有老师的那种干劲。在整个博士后研究阶段，徐先生的新思想不断，期间经常把他的新作与我分享。与先生交往，如沐春风，他从来不责备我的进展慢，没有新思想，还时常鼓励我。

在河大南校到老师二层小别墅的路上，与老师的谈话时常激励我不断前行。记得刚进站时，他说，博士王艳滨和博士后王艳滨不矛盾，而是又有新的发展，你研究的动量构式组配问题很有价值，但动量表达式是怎样在心智中运作的，目前并没有这方面系统的研究。而当时读到老师刚刚发表的"语言运用与意识双重结构"，就想那么动量构式的意识双重结构是什么，是怎样运作的。自此开始了我的语言研究的意识之旅，通过徐老师推荐的知名神经科学家达马西奥的著作《当自我来敲门——构建意识大脑》，让我对心智研究着了迷，我常常思考这个"情绪脑"，思考感觉和感受的关系，把我所一直从事的动量词研究和意识捆绑在一起。省力的做法是将徐老师提出的意识双重结构模型和动量构式结合就可以,但我对此并不满意。博士后研究,应该去逮一只看不见的兔子,有点儿创新才好。于是,一晃过了5年。这5年里,伴随着博士后研究的不断深入,我也在蜕变和成长,虽然成长速度慢了些。5年里,我的最大成就是申请到一项国家社科基金项目,评上了副教授。但这些都是外在的成就,不值得提。最重要的是内心的成长,我逐步意识到自己要走怎样的科研路,方向渐明。

最终定下"现代汉语动量意识双重结构的量子力学阐释",也是受先生用量子思维研究语言的启发。达马西奥在其著作中说,围绕意识的神经学和心智与大脑的关系问题所展开的讨论常常会遇到两种明显的低估,一种观点并未正确看待细节信息和躯体组织,事实上,躯体中充满了微型的角落和缝隙,这些微观世界的形式与结构能以信号的方式传递到大脑形成映射,实现多种目的,有些躯体加工已经为我们所知,有些尚待探索。在哲学上被称为具身认知,这种体验何以在躯体和脑中快速连接,只是神经的传递吗?这种可能还有其他因素吗?量子理论的哲学探究和哲学思维起了重要作用。老师每次让我帮他下载论文,其实是在暗示我阅读这些论文。言传身教,润物细无声。在老师的家里,没有电视机,没有娱乐设施,到处都是书。楼上两间房,一个是书房,摆着两张书桌,里面的卧室,只有一张挂着白色蚊帐的床。一走进房间,感受到的只有学术的气息。老师生活得特别健康,每次我去,他都会提前炖好排骨,炒上青菜,还把他炖汤的养生中药送给我。先生淡泊名利,不争不抢,教会我做人的道理。看他在学术的海洋里畅游,在中国知网搜索先生发表的250多篇论文,我的心里只有敬佩。他不断创新,走进心智哲学,"择其善者而从之,择其易者而用之"。

出站之后,与先生的交往并没有减少,一封封邮件,一次次电话交流,让我感受先生在新文科背景下,新思想如井喷般源源不断。物理领域的量子力学、数学领域的分形论、数理研究中的"对偶体",都走入先生的视野,成为交叉学科中新的语言研究增长点。先生不仅自己撰写文章,还把自己的新思想毫无保留地传给我们,鼓励我们去创新,去接着做。

遇见徐先生是我的幸运,与这样纯粹的学者交流,畅游在学术的海洋里,可以说是我这辈子最幸福的事。希望先生身体健康,"83"正当年,我辈立志向先生学习,做自己喜欢的事,保持求索之态,学术研究永远在路上!

徐盛桓老师和我的师生情

天津外国语大学　刘宏伟

我是徐盛桓老师的"编外弟子",而非"正规军"。在正式的学历教育中,我一直无缘成为徐老师的学生。我在读博期间结识徐老师,可谓相见恨晚。博士毕业后,因为国外学历认证没有在我适龄前完成,跟徐老师做博士后研究的梦想也成了泡影,这是我此生的一大憾事。但是,我觉得徐老师是认可我这个弟子的,每当徐老师的正牌弟子称呼我为"师姐"时,我的欣慰和愉悦无与伦比,我也一直认为我们就是出自同一师门。

1. 初相识

2005年末,我读博一年半的时候,博士论文选题陷入困境,

八 师生情

我无法确定理论框架,研究思路混乱。有一天,在查找文献时,我无意间看到四川外国语大学将举办中国英语研究专家论坛的通知。了解到国内众多英语界专家将与会交流,我觉得这是千载难逢的好机会。本着初生牛犊不怕虎的精神,我千里迢迢奔赴海口参会。印象中,这应该是我第一次参加大规模的学术会议,也就在这次会上,我结识了徐老师——我学术上的引路人。

我在分会场发言,并表达了自己在论文写作中遭遇的瓶颈问题。我记得包括徐老师在内的与会专家,给我提了一些中肯的建议。当然,他们都不会记得我,而我,作为一个科研小白,也并没有想到会再和这些大咖有更多交集。我常想,如果没有后面的机场事件,也许我和徐老师也就是这一面之缘,不会有后续的任何联系,也许我的科研路也会因此而不同,也许我这之后的人生都要改写……

几天的会议很快结束,我们各自奔赴机场。像徐老师这样的专家,大会安排有专人送机。我经常试图去回想,怎么会是我第一个冲上去扶住了徐老师,难道是冥冥中某种特别的安排?冬日的海南是热门的旅游目的地,机场里人流涌动。排队办理登机的我,百无聊赖地环顾四周,突然瞥见十几米外一个独自手扶行李箱的老人有些站立不稳,踉跄着要倒下。我想都没想就冲了过去,这个老人身材瘦削,我一个人就足以扶住他。这时又有几个人过来,我听见有人在叫"徐老师!徐老师!"。我当时有点发懵,这才注意到我托扶住的老人竟然是参会时我见到过的徐盛桓老师。这个时候,徐老师已经慢慢清醒过来,他其实就是穿得过暖,热得虚脱了。大家跟他说是我扶住了就要倒地的他,徐老师声音有点微弱,但不住地感谢我。我以为这件事情就此过去。当晚到家后,我和家人去剧院看一场演出。期间,手机不停地震动,我看到一个陌生号码来电,我压低声音问是谁,对方说:"我是徐盛桓。"我从剧场出来接电话,徐老师再次向我表达感谢,并认真地说,我是他的救命恩人。"救命恩人"这个说法以后也成了我们师徒间的一个梗。我喜欢开玩笑,徐老师也从不计较我"目无尊长"。每当有人问我是不是徐老师的博士生,或问我怎么认识徐老师的时候,我就笑着说,我是徐老师的"救命恩人"呢!每每这个时候,徐老师就会先抿着嘴笑,然后严肃地证实说:"宏伟说的是真话啊。"也是在这次电话中,徐老师较为详细地询问了我的研究方向和计划,并开始引导和督促我做研究。这之后的十几年里,一直如此,直至今日。

2. 正式成为"编外弟子"

2011~2014年,徐老师应邀担任天津外国语大学特聘教授,带领心智哲学团队开展研究工作。我是团队的负责人,且彼时我也已经与徐老师相识五年有余,所以每次接送徐老师、组织团队活动的工作都成了我义不容辞的责任和不容"剥夺"的权利。

徐老师每学期要到校两三次指导团队研究,学校车队的师傅基本上都认识徐老师。每一次司机接送时,徐老师都会诚挚地感谢,礼貌地道别。司机师傅们每次跟我聊起徐老师,都会说这位老先生学识那么渊博,却又如此平易近人,令人可亲可敬。徐老师每次到校授课,都住在校内国际交流中心。这里的服务人员都认识他,并格外敬重他。他无论和谁说话,都亲切随和、温文尔雅。每天离开客房去讲学前,徐老师都会把房间的物品归位,并整理好床上用品。退房前,更是一丝不苟,必定要把垃圾放入垃圾桶,以尽量减少服务人员的整理时间和工作量。我常常跟徐老师调侃,您再这样,服务人员都要失业了,他则一本正经地跟我说,要尊重别人的劳动。

我们团队共9名成员,徐老师每次来讲学,都是一周左右,他除了为大家带来最新的心智哲学理论,还会解答团队成员在研究中遇到的各种各样的问题。徐老师学识广博,会客观分析各语言研究流派的理论前沿和学术动态,开拓大家的视野,培养大家的批判性思维能力。徐老师指导心智哲学团队期间,会定期组织举办心智哲学研究论坛,不但加强了团队成员和国内外同行的交流和合作,也为大家的未来发展开辟了更为广阔的学术空间。徐老师经常跟我们说,我国语言学研究在国际上的声音还比较小,作为语言研究者,我们绝不能照抄照搬西方理论,一定要创新,要有中国原创性的理论。徐老师的教导对我们触动很大,在徐老师的引领下,心智哲学团队取得了丰硕的学术成果。我本人则始终秉持创新的理念,把创新作为自己科研的目标。2018年,我获批国家自然科学基金面上项目,这是一项将人工智能、创意计算和电影叙事学研究相结合的交叉学科项目,具有较好的创新性。我深知,其设计思路和创意灵感多半归功于徐老师的启迪。徐老师的一言一行潜移默化,早已经渗透到我的心灵深处。

3. 亦师亦友亦亲人

徐老师是我的恩师。在徐老师的启发和鼓励下,我们师徒合作完成两篇学术论文,我也陆续撰写和完成了一些其他论文,基本都得益于徐老师传授的理论和研究方法。我的第一部学术著作问世时,我请徐老师题写了前言。虽然这部研究澳大利亚女作家伊丽莎白·乔利小说三部曲的著作影响力甚微,但至少也以著作的形式记录下来徐老师和我的师生情谊。

徐老师是我的良师、也是我的益友、我的亲人。工作和生活中,我有时会感到迷茫和无助,徐老师总会给我建议。近年来,我的行政工作负担很重,徐老师给我讲如何处理好行政和业务的关系。在我出现选择恐惧症时,徐老师会给出他的意见供我参考,告诉我孰重孰轻、如何取舍。我们一家人都和徐老师很熟络。徐老师来津时,我们会像一家人一样吃饭聊天。我爱人跟我说,他和徐老师有一见如故之感,徐老师的宽厚、善良、正直会感染并传递给每一个和他相处的人。我的女儿很爱徐爷爷,她说,因为徐爷爷也很爱她,徐爷爷会跟她分享自己小时候的趣事;徐爷爷知道她在学钢琴,会专门发来好听的钢琴曲让她听;徐爷爷知道她在学画画,会给她讲如何审美。每次见到我,徐老师都会问,溪溪的学习怎么样?有没有取得新的进步?他曾经把他小学五年级班主任宋芷芬老师送给他的一句话发给我,让我转给我女儿:能自爱才是好孩子。徐老师说自爱就是爱自己,是自重、自尊。他嘱咐我给女儿讲他所理解的自爱,他说要爱自己的身体、外表、荣誉、学习成绩,爱自己的父母、家人、师友,爱自己的学校、班级,爱自己的现在和前途。

我认识徐老师时,他就已经两鬓斑白,但几年前,他脑后的白发根部开始变黑,并逐渐长出一茬黑发。我半认真半玩笑地说他因为童心未泯,所以返老还童了,他便很开心地咯咯笑。几十年来,在科研路上,徐老师孜孜以求,学术成就熠若日月、历久弥新;在教学路上,徐老师诲人不倦,桃李满天下;在生活中,徐老师无私坦荡,人格魅力不可抗拒。虽然徐老师已至耄耋之年,但在我心里,他从未老去,一直青春永驻!

前几天,我收到徐老师从广州家中发来的近照,他依然精神矍铄、神采奕奕。我看到他额前的头发已经全白,但不知道他脑后是否又长出了新的黑发呢?

我的学术引路人——徐盛桓先生

三峡大学 雷卿

在人的生命历程中,总有让你难忘的人,特别是对你的成长及事业、生活有重大影响或帮助的人,绝不可以将他从记忆中抹去,而是要永远留念在心中。提起我的学术引路人——徐盛桓先生,在国内外语言学界可谓大名鼎鼎的语言学家。在语用学、认知语言学、心智哲学等领域笃信力行,博采创新,其"新格赖斯会话含义理论""常规关系研究""心智哲学与语言研究"等学术研究成果泽被广泛、蜚声四海。先生虽年至耄耋,却暮心益坚,践行求真务实、开拓进取的科学求索精神;先生尚善厚德,惠泽后学,嫡传和私淑弟子甚众,可谓桃李满园,论著等身。"高山仰止,景行行止",先生的高尚品德如巍巍高山让人仰慕,光明言行似通天大道使人遵循。作为先生的私淑弟子,我虽不能达到这样的境界,但心里也知道了努力的方向,深切感到先生对后学的关怀与提携,体会到先生切望我国语言学研究复兴得以薪火相传的热心。

初识先生于其文。三峡大学组建不久的2001年,学院要我负责"英语语言文学"研究生硕士点立项建设与申报工作,深感责任重大,工作不敢怠慢。经学校、学院多方共同努力,2003年硕士点申报成功,2004年开始招收第一届研究生。我成为研究生导师的第一天,觉得更有必要提高自己的语言学理论素养,不禁想起近几年在《外国语》《现代外语》和《外语教学与研究》等期刊上研读到先生的一些大作,如《常规关系与认知化——再论常规关系》(2002)、《常规关系与语句解读研究——语用推理形式化的初步探索》(2003)和《A and B 语法化研究》(2004)等,于是我又迫不及待地重新找回、仔细研习起来,不知不觉已时过半宿,这可能是我第一次这么认真地研读先生的语言学论著。从那时候起,先生的论著伴我一路走来,从一开始的隐喻研究,到现在心智哲学与语言使用的认知研究,我的语言研究之路受到先生的诸多影响。

近距离求教于先生,始于先生到我院开展学术活动。学院为加强外国语言文学学科建设,提升广大教师和研究生语言学理论素养和学术水平,2005年5月学院十分荣幸地邀请到先生给师生进行了认知语言学研究的学术讲座和学科建设的指导会。先生高深的学术造诣、广博的理论知识、独辟蹊径的研究思路和惠济后学的胸怀品格令我心生膜拜、大开眼界,它为我打开了另一扇通往语言研究的窗户,让我看到了语言研究的另一个更加神奇曼妙的世界。学术活动结束后的当天晚上,我带上有关隐喻研究的思考来到先生下榻的宾馆求教。先生首先肯定我的某些拙见,并给我甚多既有理论前沿又有实际应用的旁征博引的指导,让我受益匪浅,使得我对语用学、认知语言学,特别是对隐喻的理解又前进了一大步。尤其他说了"只要努力进取,边做边学,定会有成就"给了我追随先生研学、提升自身语言学理论素养和学术研究水平的勇气。这件事虽已过 16 载,但我每每想起先生给予我的耐心指导,心中余温不止,感激之情油然而生。

自 2005 年 5 月以后,由于工作关系,我近距离接触、求教于先生日渐频繁。在之后的 3 年里,学院每学期都会邀请先生到三峡大学讲学,指导师生的学术研究。其后的 5 年,先生被三峡大学聘为特聘教授,每学期都会到学院开展"学术周"活动。这一周除学术讲座外,先生的主要工作是指导我们"心智哲学与语言研究"学术团队的学科研究和学院的学科建设。先生每次到来学院都不吝奉献他最新的研究成果,精心指导我们团队成员学习、研究,然后进行交流,不断激励我们,调动我们从事科研的兴趣和积极性。他不时地告诫我们语言学研究"功夫在语言学内外",并要求我们在这四个方面打好基础,即:(1)保持较高的外语水平;(2)加强当代语言学理论修养;(3)要有良好的汉语修养;(4)要逐步掌握更多的研究方法和分析工具。在先生的指导下,团队成为学院一面鲜明的学术旗帜,发表了数十篇有影响力的论文,出版了两部学术专著,主办召开全国性"心智哲学与语言研究"研讨会两次,为学院培养语言学人才起到了重要的引领作用。随着团队围绕认知语言学、心智哲学与语言的深入研究,学院标志性研究成果显示度大有提升,在国内语言学界产生了较大影响。

先生是我的学术引路人。16年来,我非常珍惜每一次近距离求学于先生的机会,始终跟在先生的后面求学寻知,漫步前行。在先生的引领和指导下,我从隐喻辞格的学步,走到了认知的领地,又进入到心智哲学与语言研究的世界,最终得以完成省部级项目和十数篇高质量论文。从论文和项目的选题、构思,到论文的写作与项目的申报我都得到了先生的精心指导。每次发电子邮件和见面,先生都会询问我近期研究进展怎样和写作有何困难,并指导我修改完善论文,其中几篇论文不是先生给予的命题作文,就是受到先生的思想启迪。这些年,无论是登门求教先生,还是邮件和电话打扰先生,或者参加先生主旨发言的学术会议和发起主讲的研习班,我不外乎是为了:想看望自己仰慕的学术引路人及家人;求教于先生,寻找机会拜师学习;顺便淘宝,获得先生新佳作拜读。记得2008年春节刚过,我第一次去河南大学看望先生,在我辞行时,先生把他发表的全部文章拷贝给我。后来有很长一段时间,先生都会把新作以不同的方式发送给我,我成了先生新佳作的最早读者。现如今,我依然常常捧读他的大作,每读一作,必有所思,更有所获。先生是我的学术引路人,现在回想起来,很多场景仍历历在目,"感谢"二字已难表我心中对先生的感激之情!

正是向先生求教与交流甚多的这些年岁,让我认识到,先生要求自己的博士生注意学习模式的转换——"引进吸收之后要转换为对观点的研究;理论知识的接受之后要转换为研究思路的训练;知识的高积累之后要转换为创新思维的培养"——的真正含义。在先生看来,作为语言学研究者,吸收、接受、积累都是必要的,对观点的研究、对研究思路的训练、对创新思维的培养也是必要的,后者似乎更为重要。只有不断学习借鉴,才能够保持开放的心态,获得别样的视角。在先生身上,我看到的是一种可贵的品质:对学术的热爱与坚持;对后学的帮助与提携。先生已耄耋之年,依然在坚持读书,坚持思考,坚持写作,探索新领域,并保持着一种开放的心态,认识新朋友,乐于和年轻人交流、讨论,竭尽所能给一些需要帮助的人以帮助。先生治学广博,通览理论语言学、修辞学、训诂学、逻辑学、句法语义学、语用学、认知语言学、心智哲学与语言研究等。先生博古通今、学贯中西,屡屡能于语言现象及使用的微细处挖掘语言学的宏理,搭建古今中西连接,传承学术智慧,时时能给后学带来影响其一辈子的学术研究的思想启迪。先生无愧乎是学术大师的典范,为我辈学人树立了值得尊敬的学术楷模。

衷心祝愿徐盛桓先生身体安康,生活愉快,学术之花永开!

我的"诗和远方"

天津外国语大学　李媛霞

第一次见徐老师,是在2010年徐老师第一次来天津外国语大学做讲座的时候。而知道徐老师的大名,却是要远远早于那个时间。因为期待见到徐老师,讲座那天我早早到了报告厅。没有想到的是,报告厅已经坐满了慕名而来的师生,我好不容易才在角落里找到了一个位置。讲座如期开始了,主持讲座的老师在介绍徐老师是知名学者时,一激动读错了徐老师的名字。

清瘦的徐老师镇定地走到话筒前,问台下的我们:"大家知道我的名字吗?"台下大声喊"徐盛桓",徐老师微微一笑:"大家都知道我的名字,看来我确实是知名学者。"台下的师生疯狂鼓掌,之前读错名字的小尴尬顿时烟消云散。这样,讲座还没正式开始,幽默睿智的徐老师就又成功圈了一批粉,我就是其中的一个。

2011年,徐老师应邀担任天津外国语大学特聘教授,打算在英语学院组建心智哲学团队。我毫不犹豫地报了名,有幸成了心智哲学团队9名成员中的一名,从而骄傲地成了徐老师的编外弟子。之后的3年,徐老师每学期要到校2~3次指导团队研究,每次都能待一周左右的时间。每次徐老师来,我们团队成员都会聚在一起聆听徐老师的教诲。徐老师不仅会给我们介绍分析心智哲学理论,分享他最新的研究成果,还会带给我们一些很新鲜的思想和很潮的词汇,让我们耳目一新、与时俱进的同时,也拓宽了我们的学术视野,为日后的学术研究奠定了良好的基础。

回想起来,徐老师带领我们团队的那几年,应该是我比较低谷的时期。当时孩子尚幼,先生工作忙,家里也没有老人在身边,我的生活说不上是苟且,也是满满的繁杂和琐碎。徐老师不仅在学术上倾力指导我,闲暇时还会耐心听我絮叨生活中的烦忧并及时给我鼓励和指引。可以说那时徐老师是我生活中的光,是我平庸忙碌生活中的诗和远方。慢慢地先生和孩子发现,徐老师来的时候是我心情最好的时候。所以每次徐老师来的时候,先生会尽量调整工作多照顾家里,工作实在调不开时,孩子会乖乖地让我闺蜜把他接回家中,以便让我没有后顾之忧,安心学习。

快乐的时光总是很短暂。3年的时间很快过去了,团队在徐老师的督促和指导下取得了丰硕的成果。于我而言,收获更多,因为徐老师不仅指引了我的学术道路,更是我的"诗和远方",让我有力量不断向光而行。感谢徐老师,祝福徐老师青春永驻!

忆徐盛桓老师

天津外国语大学　刘晓萍

宏伟姐姐让我写写我心中的徐老师的样子,为河大徐老师的传记助力。我的思绪仿佛舞台的帷幕缓缓拉开。徐老师那笔直的身躯、深邃的目光,浮现眼前。

徐老师每次来天津外国语大学,都住在学校宾馆,用餐也在宾馆餐厅。为了捕捉每个学习机会,我们心智哲学团队的队长宏伟姐姐贴心地做了一个安排,即有问题的团队成员可以主动承担帮助徐老师点菜的任务,同时也可以在用餐时间与徐老师讨论问题。如果大家都没有问题,用餐时间就由我来陪同,主要是因为当时我是心智哲学团队中唯一一个住学校宿舍的,其他老师住得相对较远,所以我就很荣幸拥有了更多与徐老师聊天的机会,得以了解徐老师贴近生活的一面。徐老师每次都只让我点两菜一汤,从不浪费。还记得一次点了三杯鸡,席间闲叙,徐老师居然眉飞色舞地为我讲述了三杯鸡的做法:一杯黄酒,一杯酱油,一杯油,不加水,很简单。徐老师居然会做菜!大学问家居然如此接地气!至今回味,徐老师认真的样子还历历在目,有趣可爱。

忆往昔,不能不提我们心智哲学团队跟随徐老师学习的日子。还记得我们几位成员聚在徐老师的房间,听徐老师旁征博引,娓娓道来,听他讲心智哲学与语言研究的来龙去脉,听他介绍自己新鲜出炉的学术成果,每一次聆听都是有益的补脑,每一次学习都是认识的加深。正是得益于徐老师的悉心指导,我撰写了两篇学术论文,一篇用心智哲学理论尝试解释了翻译加工过程,一篇比较了徐老师提出的"意向性解释三角"与皮尔斯符号学思想,并顺利发表。怀着好奇与冲动,翻箱倒柜,我居然找出了自己当时的笔记,记录着学习的点点滴滴。尽管笔记本已然存放10年有余,笔迹依然清晰如初,里面的概念在脑海里一一闪现。如今想来,当时反复记录的、徐老师常常提到的Croft、Lakoff、Tomasello、Damasio等大师的观点恐怕也是读博之后才有了更深的认识。笔记上还清晰记录着具身性的心理学研究案例,而这依然是国际心理语言学的研究热点。看到这里,眼角已经不觉湿润。可以说,直到今天,我才能真正深刻体会徐老师提到的那些伟大思想,才能更加理解其精髓。徐老师,正是我学习和成长路上的"燃灯者"。

徐盛桓教授与创新团队

天津外国语大学　钱宁

2011年,天津外国语大学成立心智哲学与语言研究创新团队,河南大学的徐盛桓教授应邀担任特聘教授,指导团队开展研究工作。我作为团队成员,很荣幸地认识了徐老师。徐老师开拓创新的科研方法、兢兢业业的治学精神,令人深受启发。

徐盛桓老师论著等身,笔耕不辍,新论频发;在科研方面勇于探索,不断创新,指导心智哲学与语言研究创新团队就是突出的例证。徐老师运用心智哲学理论进行语言研究,这是跨学科研究的探索,充分表现出学术上的开放态度,跨越学科壁垒,发扬创新精神;具体而言,基于语言学研究,借鉴其他学科领域的新成果,包括哲学、心理学,甚至其他自然科学相关学科的理论,用于广泛的语言研究领域,包括语言学、文学等,并不仅仅局限于狭义的语言学。跨学科研究理念,使我产生很大共鸣,因为我也是跨学科研究者,常常独辟蹊径。跨学科研究的开拓精神值得推广,而且,跨学科研究方法值得深思。首先,心智哲学(亦译心灵哲学)虽然属于现代哲学,直接来源于近代的笛卡尔传统,但是心灵和身心关系问题可以追溯到古希腊哲学源头,因此在西方哲学史上一直是重要问题,涉及形而上学、认识论等诸多方面。其次,心灵哲学与语言哲学、语言研究密切相关,从而使这种跨学科研究颇具意义。再有,值得思考的问题很多,比如跨学科研究中的各个学科各自的特点、各自领域的边界,以及能够相互融合之处或者说合作之处,等等。总之,创新团队的跨学科研究理念试图建立学科之间的联系,扩大学术视野,反映了徐老师的创新精神和远见卓识,也反映了我校决策者和团队组织者的高瞻远瞩。

徐老师每学期定期为创新团队上课,课前发送电子版理论著作和论文,严谨治学,不顾年高,热忱工作。上课时,徐老师亲切和蔼,从容淡定,声音洪亮,发音清晰,抑扬顿挫,节奏舒缓,引人入胜;循循善诱,耐心讲解,解答互动,效果颇佳。徐老师谦和儒雅,彬彬有礼,君子风度,令人敬佩。

总之,徐盛桓老师指导心智哲学与语言研究创新团队,辛勤工作,不辞劳苦,使我深受启迪。桃李不言,下自成蹊。徐老师奖掖后学,桃李天下,硕果累累。衷心祝愿徐老师健康长寿,永远年轻。

最美学术人

天津外国语大学　王雪莹

2011年,徐盛桓教授受邀到天津外国语大学的心智团队来指导我们的科研学习,我有幸是团队成员之一。徐老师在外语界德高望重,我第一次聆听这位大名鼎鼎的、年逾古稀的教授讲课,他那种布衣学者的风范和亲和力令我终生难忘。当时徐老师虽是古稀之年,但他精神矍铄,授课非常风趣,能把心智哲学这门高深难懂的课程由浅入深,娓娓道来,引领我们进入语言与心智哲学领域的殿堂。他毫无保留地将手中所有文献资料与团队每一位成员分享。徐老师在科研方面硕果累累,在核心期刊《外语教学与研究》发表了数十篇论文,而且都是独创性的学术研究。在教授团队的过程中,徐老师经常将自己未发表的论文一同讲授给我们听,这样的胸怀和境界令我感动。徐老师的语言心智研究在学界具有极大的影响力,他的学生遍布全国高校,但他依旧平易近人,和蔼谦逊。无论是做学问还是做人,徐老师都是当之无愧的"最美学术人"。

我眼中的徐盛桓老师

苏州大学　陈大亮

虽然徐盛桓老师不研究翻译,但我早就耳闻他的大名,并拜读过他的很多文章,获益良多。后来,在天津外国语大学见到徐老师,他给我的第一印象极其深刻:慈眉善目,精神矍铄,目光有神,充满智慧,说话带有明显的广州口音,行为举止文质彬彬,衣着朴素,但干干净净,整体给人一种有知识、有学养、有智慧的学者印象。我和他一见如故,感觉他和蔼可亲,把他当作可敬可亲的老师与长辈。随着交往的日益增多,我对徐老师的了解也越深入。在为人方面,徐老师待人真诚,心地纯洁,他不但学术做得好,而且很会说话,善于为他人着想,不突出自己,能考虑在场多数人的感受,让大家觉得很舒服。在为学方面,徐老师功底深不可测,发表的文章创新性极强,观点新颖,见解独到,见别人之未见,发前人之未发,引领学科的发展方向。在教学方面,徐老师出口成章,知识渊博,循循善诱,诲人不倦,一讲就是一个多小时。他的脑子似乎就是一个挖掘不尽的知识宝库,储存着巨大的能量,蕴涵着无穷的知识与智慧。

徐老师的为人、为学与为师都是学术界与教育界学习的榜样!高山仰止,虽不能至,心向往之。

九　学术论文成果分析

我们在知网上共搜索到徐盛桓253篇论文(包括合著)。根据知网的可视化统计分析,他发文量总体趋势分析如下图。

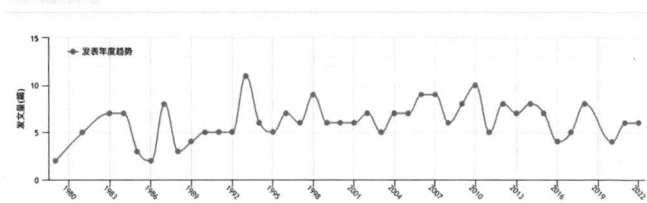

发文量总体趋势分析(2002年发文量为知网预测值)

如图所示,这里统计了徐盛桓从1979年至2021年的论文发表状况(1965年和1978年分别发表一篇论文,没有包括在该图中)。这43年间,他每年都有论文发表。除了在1979、1986年分别发表论文2篇,1985、1988年分别发表3篇,1989、2016和2020分别发表4篇外,其他36年每年发表的论文数量都在5篇(包括5篇)以上。其中1993年发表论文最多,达11篇;其次是2010年,共发表10篇;另外1998、2006(包含一篇学术研讨会论文摘要)和2007年分别发表9篇。他每年的年均论文发表数量是5.86篇(不包括2006年的会议论文摘要)。

九　学术论文成果分析

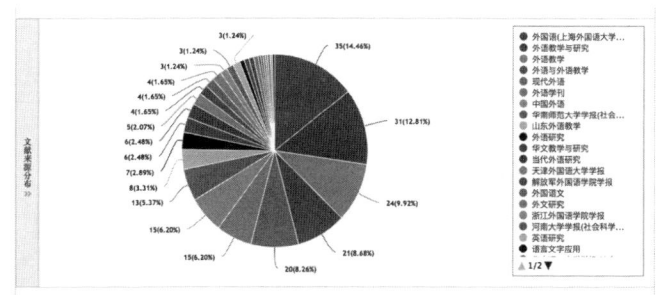

文献来源分布

知网的文献来源分布图呈现了他在不同期刊的论文发表状况。他的论文在《外国语》发表最多，共 35 篇，占其所发表论文总量的 14.46%；其次是《外语教学与研究》，共 31 篇，占所发表论文的 12.81%。这两个期刊均在国内外国语言文学研究最具影响力的期刊之列，而他在这两个刊物共发表 66 篇论文！这样斐然的成果在国内语言学界如果不是凤毛麟角，也应该是不多见的(我们没做专门的统计)。另外，发表论文在 10 篇以上的刊物包括《外语教学》(论文 24 篇，占 9.92%)、《外语与外语教学》(论文 21 篇，占 8.68%)、《现代外语》(论文 20 篇，占 8.26%)、《外语学刊》(论文 15 篇，占 6.20%)、《中国外语》(论文 15 篇，占 6.20%)、《华南师范大学学报(社会科学版)》(13 篇，占 5.37%)。这些刊物的级别和影响业内人士都熟悉，不用赘言。

那么，徐盛桓的研究课题主要有哪些？其研究方向有什么变化？有哪些语言学理论和创新？下面的主题分布图可以帮助我们了解这些方面。

如图所示，他的研究内容主要包括会话含义理论、语用推理、常规关系、意向性、外延内涵传承、非字面表达等。这些主题

179

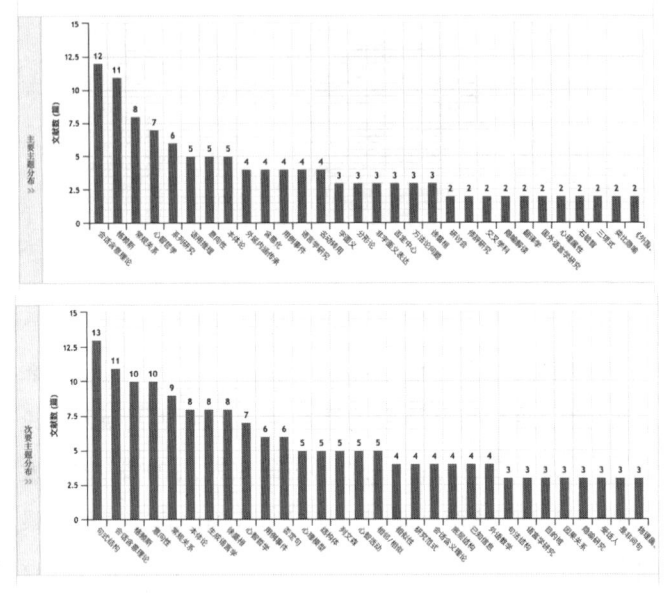

研究主题分布

体现了不同时期他在语言学不同研究方向的成果。

他在语用学方向的集中研究始于20世纪90年代(之前的研究范围较广,包括生成语言学、功能语言学、语义学、语法、翻译等),一方面对格赖斯和新格赖斯会话含义理论进行介绍、补充和修订,特别对会话含义理论中的常规关系进行了深入和全面的阐发,提出常规范型的语用机制,将常规关系作为一个核心概念同认知句法、话语、修辞等研究联系起来,进入认知语用学的研究;另一方面他发展了基于心理模型的语用推理研究范式,为语言研究完善了一种新的语用推理方式。

2010年开始,他开展了心智哲学与语言研究,将心智哲学领域研究的思路、方法、成果用于语言研究。这一研究特别根据汉语特色,提出一个汉语的新研究范式。同时,他还将"表征"概念用于语言研究,概括出语言运用中表征的两个核心要素:心智具象性和语言的推论性。对非字面义进行研究,提出"广义替代论",将非字面义表达综合为一个统一的研究范式;认为语言表达是一个表征的过程,表征就是以一物 B 表征另一物 A,即外界事物 A 经过认知主体以意向性为主导的认知加工,在大脑里呈现为意象,语言表达就是这意象的概念化;以 B 表征 A 就是一种替代。运用"广义替代论",可以合理地将非字面义表达的这个大家族作为一个有机整体来研究,找出各种类型非字面表达的共同机制,抽象出它们各自的特点。这样的研究就能点面结合,有更大的概括力,又有深入的个体精准描述。

他的语言跨学科研究拓展到了将分形理论与语言研究、量子力学理论与语言研究相结合。分形理论是非线性科学的三种代表性理论之一。基于大量的汉语语料,他探讨了隐喻喻体的建构、隐喻本体和喻体的相似机制、喻体向本体的非线性转换等论题。这是对隐喻、转喻研究的一种新的延伸。另外他还尝试从量子力学的非定域原则对汉语非连续表达、类比隐喻、含义表达等进行解析,为语言研究开启了一种新进路。

总之,他对于语言学的研究是一个不断探索和挑战的过程,体现他所秉承的"在危机中育先机,于变局中开新局"思想,近20 年,他不断在探索语言研究学科交叉研究的新局,提出语言跨学科研究可以粗略地分为方法交叉、理论借鉴、概念融合三个主要层次;他特别强调语言跨学科研究最后一定还是要归省到语言研究上来。

下图展示了他重要研究主题的时间线，体现了他与时俱进、不断创新的语言学研究历程：

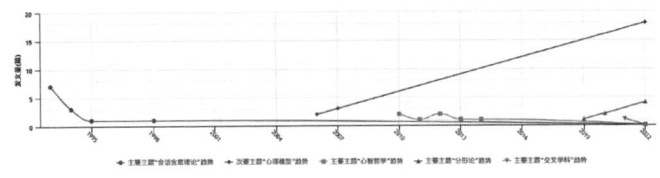

重要研究主题时间线

2017年3月21日，河南省科技期刊研究中心发布了按照FNII排序（Field Normalization Impact Indicator，学科标准化影响力指标）的河南省哲学社会科学研究百强学者，其中徐盛桓排名第一。这是由该中心主持完成的河南省高校哲学社会科学基础研究重大项目"河南省高校哲学社会科学科研绩效评价"部分研究成果（项目序号2015-JCZD-013）。根据课题组的说明，FNII值更加关注论文的被引量，由于不同学科的被引量和下载量没有可比性，因此该研究按学科分类后，对被引量和下载量作归一化处理。

最后，以徐先生在2021年生日之际所作《沁园春》总结他对于语言认知研究的认识和展望。

沁园春·喜看今日之语言认知研究

认知科学发展到今天，已经形成了各种相互竞争的理论和研究纲领，诸如以计算-表征为核心内容的符号主义、以神经网络模型为中心内容的联结主义和动力主义理论等，以及新近发展起来的4E+S认知(具身认知、嵌入认知、延展认知、生成认知和情境认知)纲领等。

今日研园,耳听春风,目接晨曦。

望文场笔苑,有纲有论;言以文存,妙极生知。

就日瞻云,笃行致远,欲与同行共砥砺。

齐骏发,看秀气成彩,汇流成溪。

认知种种"主义",引我辈认知再学习。

要固本培元,守正创新;生也有涯,无涯惟智;

言授于意,意授于思,走完最后一公里。

须记取,虽道阻且长,行则将至。

2021 年 7 月 4 日于广州

论文清单

[1] 徐盛桓《评〈英美文学欣赏〉》(第一集)》,发表于《外语教学与研究》1965 年第 2 期。

[2] 徐盛桓《汉语外位成分在翻译中的运用》,发表于《现代外语》1978 年第 1 期。

[3] 叶步青、徐盛桓《如何简化英语注音的探讨》,发表于《华南师院学报(哲学社会科学版)》1979 年第 2 期。

[4] 徐盛桓《英语词义发展初探》,发表于《华南师院学报(哲学社会科学版)》1979 年第 4 期。

[5] 徐盛桓《构思新颖 针砭入微——谈《探长的查访》的戏剧结

构》，发表于《外国文学研究》1980年第1期。

[6] 徐盛桓《深层结构与英语教学》，发表于《外语学刊》1981年第1期。

[7] 徐盛桓《英语不及物动词的被动句初探》，发表于《华南师院学报(社会科学版)》1981年第3期。

[8] 徐盛桓《论英语名-动词的转化》，发表于《山东外语教学》1981年第1期。

[9] 徐盛桓《也谈句法与翻译——与《英译汉句法误解简析》作者商榷》，发表于《现代外语》1981年第1期。

[10] 徐盛桓《英语主语受事句》，发表于《外语教学与研究》1981年第2期。

[11] 徐盛桓《主位和述位》，发表于《外语教学与研究》1982年第1期。

[12] 徐盛桓《"否定范围"和"否定中心"的新探索》，发表于《外语学刊》1983年第1期。

[13] 徐盛桓《国外对语言学习问题的研究》，发表于《教育论丛》1983年第1期。

[14] 徐盛桓《否定范围、否定中心和转移否定》，发表于《现代外语》1983年第1期。

[15] 徐盛桓《汉语主位化初探》，发表于《华南师范大学学报(社会科学版))》1983年第04期。

[16] 徐盛桓《聚合和组合》，发表于《外语教学》1983年第3期。

[17] 徐盛桓《聚合和组合》，发表于《山东外语教学》1983年第3期。

[18] 徐盛桓、杨立勇《技巧的语言和语言的技巧——谈英语的"机智语"》,发表于《现代外语》1983年第3期。

[19] 徐盛桓《"形似"中的"神似"》,发表于《中国翻译》1984年第2期。

[20] 徐盛桓《语言学研究的数学方法》,发表于《现代外语》1984年第1期。

[21] 徐盛桓《语言的生成性》,发表于《华南师范大学学报(社会科学版)》1984年第4期。

[22] 徐盛桓《英语三项式排比结构分析》,发表于《外国语(上海外国语学院学报)》1984年第2期。

[23] 徐盛桓《法语复说法的交际功能初探》,发表于《外语教学》1984年第2期。

[24] 徐盛桓《语言的冗余性》,发表于《现代外语》1984年第2期。

[25] 徐盛桓《空范畴初探》,发表于《语教学与研究》1984年第4期。

[26] 徐盛桓、黄国文《英语被动结构选择的若干问题》,发表于《外国语(上海外国语学院学报)》1985年第2期。

[27] 徐盛桓《再论主位和述位》,发表于《外语教学与研究》1985年第4期。

[28] 徐盛桓《语言的"有标记"和"无标记"》,发表于《山东外语教学》1985年第4期。

[29] 徐盛桓《英语话语的衔接》,发表于《外语教学》1986年第4期。

[30] 徐盛桓《外语教学中的估评和预测》,发表于《现代外语》1986年第4期。

[31] 徐盛桓《译文质量评估的数学模型》,发表于《华南师范大学学报(社会科学版)》1987年第4期。

[32] 徐盛桓《论语句的"中心"》,发表于《外语教学与研究》1987年第2期。

[33] 徐盛桓《编码·信息·内涵——谈英语被动结构语义的重点》,发表于《外国语(上海外国语学院学报)》1987年第3期。

[34] 徐盛桓《集合论与语言学研究》,发表于《外语教学》1987年第2期。

[35] 徐盛桓《英语衔接词》,发表于《外语研究》1987年第2期。

[36] 徐盛桓《论割裂句》,发表于《山东外语教学》1987年第3期。

[37] 徐盛桓《论AND》,发表于《现代外语》1987年第3期。

[38] 徐盛桓《谈"命题"》,发表于《外语教学》1987年第4期。

[39] 徐盛桓《编码·信息·内涵——谈英语被动结构语义的重点》,发表于《外语教学》1988年第1期。

[40] 徐盛桓《变异的语言和技巧的语言》,发表于《华南师范大学学报(社会科学版)》1988年第4期。

[41] 谢晓琳、徐盛桓、张国仕《学龄前儿童篇章意识和篇章能力形成和发展的初步探讨》,发表于《心理科学通讯》1988年第5期。

[42] 徐盛桓《广告的语言》,发表于《华南师范大学学报(社会

科学版)》1989年第2期。

[43] 徐盛桓《关于翻译学的研究》,发表于《现代外语》1989年第1期。

[44] 徐盛桓《记起〈外国语〉的头几期》,发表于《外国语(上海外国语学院学报)》1989年第2期。

[45] 徐盛桓《虚实相辅 详略得当——简介〈短篇分析概要〉》,发表于《现代外语》1989年第3期。

[46] 徐盛桓《语言学研究中的"问题"》,发表于《外语教学》1990年第2期。

[47] 徐盛桓《经济和突出——英语前置修饰词组研究》,发表于《外语教学与研究》1990年第4期。

[48] 徐盛桓《否定范围和否定中心的再探索》,发表于《外国语(上海外国语学院学报)》1990年第5期。

[49] 徐盛桓《篇章:情景的组合》,发表于《外国语(上海外国语学院学报)》1990年第6期。

[50] 徐盛桓《论篇章的变异》,发表于《华南师范大学学报(社会科学版)》1991年第2期。

[51] 徐盛桓《论"动性传递"》,发表于《外语教学》1991年第2期。

[52] 徐盛桓《有启发意义的比较:读伍铁平的一篇论文》,发表于《现代外语》1991年第3期。

[53] 徐盛桓《移动新论——从功能语言学看移动》,发表于《外国语(上海外国语学院学报)》1991年第5期。

[54] 徐盛桓《语用推理》,发表于《外语学刊》1991年第6期。

[55] 徐盛桓《论词的语用意义》,发表于《华南师范大学学报(社会科学版)》1992年第1期。

[56] 徐盛桓《礼貌原则新拟》,发表于《外语学刊》1992年第2期。

[57] 徐盛桓《论蕴涵》,发表于《山东外语教学》1992年第1—2期。

[58] 徐盛桓《当代语言学研究的一些趋势》,发表于《外语教学》1992年第4期。

[59] 徐盛桓《语言学研究的方法论问题(上)》,发表于《现代外语》1992年第4期。

[60] 徐盛桓《"预设"新论》,发表于《外语学刊》1993年第1期。

[61] 徐盛桓《新格赖斯会话含意理论和语用推理》,发表于《外国语(上海外国语学院学报)》1993年第1期。

[62] 徐盛桓《论词义的包含关系》,发表于《华南师范大学学报(社会科学版)》1993年第3期。

[63] 徐盛桓《语言学研究的方法论问题(下)》,发表于《现代外语》1993年第1期。

[64] 徐盛桓《我国外国语文刊物的作用和影响的研究》,发表于《外语界》1993年第2期。

[65] 徐盛桓《会话含意理论的新发展》,发表于《现代外语》1993年第2期。

[66] 徐盛桓《论"一般含意"——新格赖斯会话含意理论研究之四》,发表于《外语教学》1993年第3期。

[67] 徐盛桓《再论意向含意——新格赖斯会话含意理论系列研

究之八》，发表于《汕头大学学报(人文科学版)》1993年第3期。

［68］徐盛桓《格赖斯的准则和列文森的原则——新格赖斯会话含意理论研究之五》，发表于《外语与外语教学》1993年第5期。

［69］徐盛桓《论"常规关系"——新格赖斯会话含意理论系列研究之六》，发表于《外国语(上海外国语学院学报)》1993年第6期。

［70］徐盛桓《上指预测的语用因素——评列文森的上指推导模式》，发表于《现代外语》1994年第1期。

［71］徐盛桓《论表"添加"义的TOO》，发表于《外语学刊》1994年第1期。

［72］徐盛桓《论意向含意——新格赖斯会话含意理论系列研究之七》，发表于《外语研究》1994年第1期。

［73］徐盛桓《会话含意的分类——新格赖斯会话含意理论系列研究之九》，发表于《华南师范大学学报(社会科学版)》1994年第1期。

［74］徐盛桓《新格赖斯会话含意理论和含意否定》，发表于《外语教学与研究》1994年第4期。

［75］徐盛桓《关于量词否定句》，发表于《外国语(上海外国语大学学报)》1994年第6期。

［76］徐盛桓《含意本体论和句法语用学》，发表于《外语与外语教学》1995年第1期。

［77］徐盛桓《论荷恩的等级关系——新格赖斯会话含意理论系

列研究之十》,发表于《外国语(上海外国语大学学报)》1995年第1期。

[78] 徐盛桓《语言美学论纲》,发表于《外语学刊》1995年第2期。

[79] 徐盛桓《选择·重构·阐发·应用——我对新格赖斯理论的研究》,发表于《现代外语》1995年第2期。

[80] 徐盛桓《英语倒装句研究》,发表于《外语教学与研究》1995年第4期。

[81] 徐盛桓《论表"添加"义的EVEN》,发表于《外语学刊》1996年第1期。

[82] 徐盛桓《常规关系和文化教学》,发表于《外语与外语教学》1996年第1期。

[83] 徐盛桓《论诗的织体》,发表于《外国语(上海外国语大学学报)》1996年第2期。

[84] 徐盛桓《信息状态研究》,发表于《现代外语》1996年第2期。

[85] 徐盛桓《我读〈英语复合句〉——代序》,发表于《中山大学学报论丛》1996年第3期。

[86] 徐盛桓《含意本体论研究》,发表于《外语教学与研究》1996年第3期。

[87] 徐盛桓《话语的含意性》,发表于《外语研究》1996年第3期。

[88] 徐盛桓《含意与叙事性篇章的建构》,发表于《河南大学学报(社会科学版)》1997年第1期。

[89] 徐盛桓《含意本体论论纲》,发表于《外语与外语教学》1997年第1期。

[90] 徐盛桓《话语含意化过程——含意本体论系列研究之四》,发表于《外国语(上海外国语大学学报)》1997年第1期。

[91] 徐盛桓《含意的两种形态》,发表于《外语与外语教学》1997年第2期。

[92] 徐盛桓《论含意思维》,发表于《外语学刊》1997年第2期。

[93] 徐盛桓《含意推导思维形态的变化和发展》,发表于《外语学刊》1998年第1期。

[94] 徐盛桓《关于含意本体论的研究》,发表于《外语研究》1998年第1期。

[95] 徐盛桓《含意运用与常规关系意识》,发表于《外语与外语教学》1998年第3期。

[96] 穆春玲、徐盛桓《含意与成语》,发表于《外语与外语教学》1998年第3期。

[97] 徐盛桓《含意研究的逻辑学思考》,发表于《外国语(上海外国语大学学报)》1998年第2期。

[98] 徐盛桓《广义含意理论的建构》,发表于《外语研究》1998年第2期。

[99] 徐盛桓《疑问句的语用性嬗变》,发表于《外语教学与研究》1998年第4期。

[100] 徐盛桓《取精用宏 寓学于做》,发表于《外语与外语教学》1998年第10期。

[101] 徐盛桓《疑问句探询功能的迁移》，发表于《中国语文》1999年第1期。

[102] 李淑静、徐盛桓《英语陈述疑问句》，发表于《外语学刊》1999年第2期。

[103] 苗普敬、徐盛桓、翟士钊《概念编码和程序编码——中国学生英语口头连贯表述研究》，发表于《外语与外语教学》1999年第5期。

[104] 许小纯、徐盛桓《强发问和弱发问》，发表于《外国语（上海外国语大学学报）》1999年第3期。

[105] 徐盛桓《语法离我们有多远——从语义、语用看语法》，发表于《外语与外语教学》1999年第10期。

[106] 徐盛桓《才·学·识的鸿篇巨制》，发表于《外语与外语教学》1999年第12期。

[107] 徐盛桓《存同求异　责备求全——创新共斟酌》，发表于《外语与外语教学》2000年第1期。

[108] 高芳、徐盛桓《名动转用语用推理的认知策略》，发表于《外语与外语教学》2000年第4期。

[109] 高芳、徐盛桓《名动转用与语用推理》，发表于《外国语（上海外国语大学学报）》2000年第2期。

[110] 徐盛桓《语义、语用和语法——何自然〈英语语用语法〉导读》，发表于《外国语（上海外国语大学学报）》2000年第3期。

[111] 牛保义、徐盛桓《关于英汉语语法化比较研究——英汉语比较研究的一个新视角》，发表于《外语与外语教学》

2000年第9期。

［112］徐盛桓《语言学研究的三个取向——研海一楫之一》，发表于《解放军外国语学院学报》2000年第5期。

［113］徐盛桓《名动转用的语义基础》，发表于《外国语（上海外国语大学学报）》2001年第1期。

［114］徐盛桓《试论英语双及物构块式》，发表于《外语教学与研究》2001年第2期。

［115］徐盛桓《关于英汉语篇比较研究——从中西比较诗学的视角》，发表于《外语与外语教学》2001年第4期。

［116］徐盛桓《程序的发现和发现的程序——"研海一楫"之二》，发表于《四川外语学院学报》2001年第3期。

［117］徐盛桓《名动转用与功能代谢》，发表于《外语与外语教学》2001年第8期。

［118］徐盛桓《语言学研究方法论探微——一份建议性的提纲》，发表于《外国语（上海外国语大学学报）》2001年第5期。

［119］徐盛桓《常规关系与认知化——再论常规关系》，发表于《外国语（上海外国语大学学报）》2002年第1期。

［120］徐盛桓《语用和规范——哈贝马斯的"规范语用学"论析》，发表于《解放军外国语学院学报》2002年第3期。

［121］徐盛桓《理论语用学研究中的假说——研海一楫之四》，发表于《外语与外语教学》2002年第6期。

［122］徐盛桓《关联原则与优化思维——关联理论的阐释与献疑》，发表于《外国语（上海外国语大学学报）》2002年第

3期。

[123] 徐盛桓《认知语言学研究的新视点——评石毓智的两本书》，发表于《外语教学与研究》2002年第5期。

[124] 徐盛桓《语义数量特征与英语中动结构》，发表于《外语教学与研究》2002年第6期。

[125] 徐盛桓《我怎样做起语言学研究——"研海一楫"之七》，发表于《山东师大外国语学院学报》2002年第4期。

[126] 徐盛桓《规律、规则与创新研究——"研海一楫"之六》，发表于《英语研究》2003年第1期。

[127] 徐盛桓《常规关系与句式结构研究——以汉语不及物动词带宾语句式为例》，发表于《外国语（上海外国语大学学报）》2003年第2期。

[128] 徐盛桓《常规关系与语句解读研究——语用推理形式化的初步探索》，发表于《现代外语》2003年第2期。

[129] 徐盛桓《语言学研究的逻辑学思考——研海一楫（之三）》，发表于《解放军外国语学院学报》2003年第4期。

[130] 徐盛桓《往者虽旧　余味仍新》，发表于《外国语（上海外国语大学学报）》2003年第6期。

[131] 徐盛桓《A and B 语法化研究》，发表于《外语教学与研究》2004年第1期。

[132] 徐盛桓《成语的生成》，发表于《暨南大学华文学院学报》2004年第1期。

[133] 徐盛桓《充分条件的语用嬗变——语言运用视角下的逻辑关系》，发表于《外国语（上海外国语大学学报）》2004

年第 3 期。

[134] 徐盛桓《理解翻译学》，发表于《天津外国语学院学报》2004 年第 4 期。

[135] 王振华、徐盛桓《介入：言语互动中的一种评价视角》，发表于《语言文字应用》2004 年第 3 期。

[136] 徐盛桓《逻辑与实据——英语 IF 条件句研究的一种理论框架》，发表于《现代外语》2004 年第 4 期。

[137] 徐盛桓《研究与方法——石毓智两本书的研究方法述评》，发表于《暨南大学华文学院学报》2004 年第 4 期。

[138] 徐盛桓《语言学研究的现象描述与理论概括》，发表于《中国外语》2005 年第 1 期。

[139] 徐盛桓《结构和边界——英语谓补句语法化研究》，发表于《外国语（上海外国语大学学报）》2005 年第 1 期。

[140] 徐盛桓、李淑静《英语原因句的嬗变》，发表于《外语学刊》2005 年第 1 期。

[141] 徐盛桓《幂姆与文学作品互文性研究》，发表于《暨南大学华文学院学报》2005 年第 1 期。

[142] 徐盛桓《句法研究的认知语言学视野》，发表于《外语与外语教学》2005 年第 4 期。

[143] 徐盛桓《含意与合情推理》，发表于《外语教学与研究》2005 年第 3 期。

[144] 徐盛桓《语用推理的认知研究》，发表于《中国外语》2005 年第 5 期。

[145] 徐盛桓《思维方式与创新——创新共斟酌之二》，发表于

《中国外语》2006年第1期。

[146] 徐盛桓《"成都小吃团"的认知解读》,发表于《外国语(上海外国语大学学报)》2006年第2期。

[147] 徐盛桓《相邻与补足——成语形成的认知研究之一》,发表于《四川外语学院学报》2006年第2期。

[148] 徐盛桓《常规推理与"格赖斯循环"的消解》,发表于《外语教学与研究》2006年第3期。

[149] 徐盛桓《话语理解的意向性解释》,发表于《中国外语》2006年第4期。

[150] 徐盛桓《相邻和相似——汉语成语形成的认知研究之二》,发表于《暨南大学华文学院学报》2006年第3期。

[151] 刘辰诞、徐盛桓《结构和边界:语言表达式的认知基础》,发表于《语言文字应用》2006年第4期。

[152] 徐盛桓《语言学创新》,发表于《外语学刊》2007年第1期。

[153] 徐盛桓《"照着讲"和"接着讲"——当代语言学研究自主创新问题的思考》,发表于《中国外语》2007年第1期。

[154] 徐盛桓《自主和依存——语言表达形式生成机理的一种分析框架》,发表于《外语学刊》2007年第2期。

[155] 徐盛桓《认知语用学研究论纲》,发表于《外语教学》2007年第3期。

[156] 徐盛桓《基于模型的语用推理》,发表于《外国语(上海外国语大学学报)》2007年第3期。

[157] 徐盛桓《〈语用学纵横〉序》,发表于《暨南大学华文学院

学报》2007 年第 2 期。

［158］徐盛桓《相邻关系视角下的双及物句再研究》，发表于《外语教学与研究》2007 年第 4 期。

［159］徐盛桓《说"拈连"》，发表于《解放军外国语学院学报》2007 年第 4 期。

［160］徐盛桓《为学务本，本立道生》，发表于《中国外语》2007 年第 5 期。

［161］徐盛桓《转喻为什么可能——"转喻与逻辑"研究之二："内涵外延传承"说对转喻的解释》，发表于《上海交通大学学报（哲学社会科学版）》2008 年第 1 期。

［162］徐盛桓《转喻与分类逻辑》，发表于《外语教学与研究》2008 年第 2 期。

［163］徐盛桓《隐喻为什么可能》，发表于《外语教学》2008 年第 3 期。

［164］徐盛桓《修辞研究的认知视角》，发表于《西安外国语大学学报》2008 年第 2 期。

［165］徐盛桓《语言学研究的因果观和方法论》，发表于《中国外语》2008 年第 5 期。

［166］徐盛桓《"格高志远　学贯中外"——祝贺《外国语》创刊三十周年》，发表于《外国语（上海外国语大学学报）》2008 年第 5 期。

［167］徐盛桓《国外语言学研究共时性空间的建构》，发表于《中国外语》2009 年第 1 期。

［168］徐盛桓《转喻语句与真值条件——"转喻与逻辑"研究之

三》，发表于《外语教学与研究》2009年第1期。

[169] 徐盛桓《语言研究的复杂整体视角——对语言研究的方法论启示》，发表于《外语与外语教学》2009年第3期。

[170] 徐盛桓《外延内涵传承说——转喻机理新论》，发表于《外国语(上海外国语大学学报)》2009年第3期。

[171] 徐盛桓《成语为什么可能》，发表于《外语研究》2009年第3期。

[172] 徐盛桓、陈香兰《认知语言学研究面临思维方式和认识工具的巨大变革》，发表于《中国外语》2009年第5期。

[173] 束定芳、刘正光、徐盛桓《引进与借鉴：我国国外语言学研究六十年》，发表于《外语教学与研究》2009年第6期。

[174] 徐盛桓《语篇建构中的事件和语境》，发表于《宁波大学学报(人文科学版)》2009年第6期。

[175] 徐盛桓《积聚　变革　创新》，发表于《中国外语》2010年第2期。

[176] 黄星、徐盛桓《自主-依存框架中的隐语理解机理》，发表于《深圳大学学报(人文社会科学版)》2010年第2期。

[177] 徐盛桓《心智哲学与认知语言学创新》，发表于《北京科技大学学报(社会科学版)》2010年第1期。

[178] 徐盛桓《指类句研究的认知-语用意蕴》，发表于《外语教学与研究》2010年第2期。

[179] 徐盛桓《似是而非和习非成是——谈指类句及其反例》，发表于《华文教学与研究》2010年第1期。

[180] 刘宏伟、徐盛桓《〈经济学家〉新闻标题的美学风格——

基于生成整体论的视角》,发表于《外语教学》2010 年第 5 期。

[181] 徐盛桓《"A 是 B"的启示——再谈外延内涵传承说》,发表于《中国外语》2010 年第 5 期。

[182] 徐盛桓《心智哲学与语言研究》,发表于《外国语文》2010 年第 5 期。

[183] 徐盛桓、陈香兰《感受质与感受意》,发表于《现代外语》2010 年第 4 期。

[184] 徐盛桓《少壮功夫老未成》,发表于《当代外语研究》2011 年第 4 期。

[185] 陈香兰、徐盛桓、王立非《商务话语建构模式探讨——广告语篇建构的商务-语言双维度》,发表于《外语教学》2011 年第 3 期。

[186] 徐盛桓《语言研究的战略意识》,发表于《中国外语》2011 年第 3 期。

[187] 徐盛桓《"移就"为什么可能?》,发表于《外语教学与研究》2011 年第 3 期。

[188] 徐盛桓《语言研究的心智哲学视角——"心智哲学与语言研究"之五》,发表于《河南大学学报(社会科学版)》2011 年第 4 期。

[189] 徐盛桓《替代话语的析解——"外延内涵传承说"认知-心智再阐释》,发表于《外语教学》2012 年第 1 期。

[190] 徐盛桓《心智如何形成句子表达式?》,发表于《天津外国语大学学报》2012 年第 2 期。

[191] 廖巧云、徐盛桓《心智怎样计算隐喻》，发表于《外国语（上海外国语大学学报）》2012年第2期。

[192] 徐盛桓《从心智到语言——心智哲学与语言研究的方法论问题》，发表于《当代外语研究》2012年第4期。

[193] 徐盛桓《从"事件"到"用例事件"——从意识的涌现看句子表达式雏形的形成》，发表于《河南大学学报（社会科学版）》2012年第4期。

[194] 徐盛桓《关注虚拟存在——心智哲学与语言研究的一条方法论原则》，发表于《湖北民族学院学报（哲学社会科学版）》2012年第5期。

[195] 徐盛桓、廖巧云《意向性解释视域下的隐喻》，发表于《外语教学》2013年第1期。

[196] 徐盛桓《语言学研究呼唤理论思维》，发表于《中国外语》2013年第1期。

[197] 徐盛桓《"I'll see you at 2 o'clock"是不是隐喻？》，发表于《外文研究》2013年第1期。

[198] 徐盛桓《意向性的认识论意义——从语言运用的视角看》，发表于《外语教学与研究》2013年第2期。

[199] 徐盛桓《白首变法 好个江天》，发表于《当代外语研究》2013年第6期。

[200] 徐盛桓《再论隐喻的计算解释》，发表于《外语与外语教学》2013年第4期。

[201] 徐盛桓《"主动补旁格范式"为什么可能》，发表于《语言科学》2013年第5期。

[202] 徐盛桓、何爱晶《转喻隐喻机理新论——心智哲学视域下修辞研究之一》，发表于《外语教学》2014年第1期。

[203] 徐盛桓《视觉隐喻的拓扑性质》，发表于《山东外语教学》2014年第1期。

[204] 徐盛桓《心智哲学与语言研究专栏》，发表于《山东外语教学》2014年第1期。

[205] 徐盛桓《自由意志与语言学实证研究》，发表于《外文研究》2014年第1期。

[206] 徐盛桓《"靡不有初，鲜克有终"——谈语言研究的可持续发展》，发表于《中国外语》2014年第2期。

[207] 李恬、牛保义、徐盛桓《认知语言学研究热点和发展趋势》，发表于《外国语（上海外国语大学学报）》2014年第2期。

[208] 徐盛桓《隐喻的起因、发生和建构》，发表于《外语教学与研究》2014年第3期。

[209] 徐盛桓、李恬、华鸿燕《意象建构与句法发生——语法语义接口研究的"用例事件"模式》，发表于《华南理工大学学报（社会科学版）》2014年第5期。

[210] 徐盛桓《语言运用与意识双重结构》，发表于《外国语文研究》2015年第1期。

[211] 刘宏伟、徐盛桓《小说语篇生成的双重结构——以伊丽莎白·乔利小说三部曲的语篇建构为例》，发表于《外语教学》2015年第3期。

[212] 徐盛桓《因果蕴涵与婉曲话语的生成》，发表于《外语教

学与研究》2015年第3期。

[213] 徐盛桓《语言认知研究的语用思维》,发表于《外文研究》2015年2期。

[214] 徐盛桓《汉语古体诗词英译的意识双重结构》,发表于《外国语文》2015年第3期。

[215] 徐盛桓《隐喻研究的心物随附性维度》,发表于《外国语(上海外国语大学学报)》2015年第4期。

[216] 徐盛桓《永恒的纪念——写在许国璋先生诞辰一百周年之际》,发表于《外文研究》2015年第3期。

[217] 徐盛桓《镜像神经元与身体-情感转喻解读》,发表于《外语教学与研究》2016年第1期。

[218] 徐盛桓《心智视域下含义思维研究》,发表于《外语研究》2016年第1期。

[219] 徐盛桓《心理因果性视域下汉语身体-情感隐喻解读——身体-情感语言表达研究之二》,发表于《外语教学》2016年第3期。

[220] 徐盛桓《第四范式:语言研究的新理念》,发表于《英语研究》2016年第2期。

[221] 徐盛桓、廖巧云《隐喻"意识感受性"理论模型》,发表于《外语学刊》2017年第1期。

[222] 徐盛桓《隐喻建模:同一性视域下非字面义表达研究——以谐音词替代表达为例》,发表于《外语教学》2017年第1期。

[223] 徐盛桓《赋诗言志:含义与类比思维》,发表于《外语教学

与研究》2017 年第 1 期。

[224] 徐盛桓《含义与推理》，发表于《华南理工大学学报（社会科学版）》2017 年第 3 期。

[225] 徐盛桓《开启七秩　勇于担当》，发表于《外语教学与研究》2017 年第 4 期。

[226] 徐盛桓《试论我国的语言理论自信——中国古代类比隐喻的运用》，发表于《中国外语》2018 年第 1 期。

[227] 徐盛桓《隐喻研究认识论的前提性批判——"假物说"与"指事说"的理论意蕴》，发表于《外语教学》2018 年第 2 期。

[228] 徐盛桓《语句的生成与解读——试从"植入认知"立论》，发表于《浙江外国语学院学报》2018 年第 3 期。

[229] 徐盛桓《汉语含义特性研究》，发表于《天津外国语大学学报》2018 年第 3 期。

[230] 徐盛桓《精巧的语言　有意味的形式——汉语谜语语言研究》，发表于《外语教学与研究》2018 年第 4 期。

[231] 徐盛桓《非字面义表达研究论纲》，发表于《英语研究》2018 年第 2 期。

[232] 徐盛桓《言辞翻滚风云　论证显现智慧——从类比隐喻运用审视隐喻普遍性与特殊性的关系》，发表于《外国语（上海外国语大学学报）》2018 年第 6 期。

[233] 徐盛桓《隐喻解读的非线性转换——分形论视域下隐喻研究之三》，发表于《浙江外国语学院学报》2019 年第 5 期。

[234] 徐盛桓《隐喻喻体的建构——分形论视域下隐喻研究之一》,发表于《外语教学》2020年第1期。

[235] 徐盛桓《隐喻本体和喻体的相似——分形论视域下隐喻研究之二》,发表于《当代修辞学》2020年第2期。

[236] 廖巧云、徐盛桓《语言的表征与二阶表征——以隐喻运用为例》,发表于《外语教学与研究》2020年第4期。

[237] 徐盛桓、华鸿燕《直陈式含意和会话式含义——量子思维与语言研究之三》,发表于《浙江外国语学院学报》2020年第4期。

[238] 徐盛桓《交叉学科研究视域下理论概念的移用与发展——语言学科理论创新探究之一》,发表于《天津外国语大学学报》2021年第1期。

[239] 徐盛桓《对偶性与转喻的理解和表达》,发表于《当代修辞学》2021年第2期。

[240] 徐盛桓、王艳滨《语言运用中的不连续现象——量子思维与语言研究之二》,发表于《外语教学》2021年第3期。

[241] 徐盛桓、刘倩《因果蕴涵理论的应用:以含义研究为例——语言学科理论创新探究之四》,发表于《当代外语研究》2021年第3期。

[242] 徐盛桓、华鸿燕《跨学科语言研究的语言研究归省》,发表于《西安外国语大学学报》2021年第3期。

[243] 徐盛桓、廖巧云《非字面义表达因果蕴含说》,发表于《外国语(上海外国语大学学报)》2021年第5期。

[244] 刘倩、徐盛桓《守正创新 与时俱进——新成语学习笔

记》,发表于《浙江外国语学院学报》2022 年第 1 期。

[245] 徐盛桓、李淑静《语言研究的非线性处理:以"A and B"句型为例——语言学科理论创新探究之三》,发表于《英语研究》2021 年第 2 期。

[246] 徐盛桓《量子思维与语言研究——从非定域原则考察类比隐喻》,发表于《外语教学与研究》2022 年第 2 期。

[247] 徐盛桓、黄缅《"夸张"的表征与非线性研究——兼论夸张评价机制》,发表于《当代修辞学》2022 年第 3 期。

[248] 徐盛桓《汉语字谜情境关联研究》,发表于《天津外国语大学学报》2022 年第 4 期。

[249] 徐盛桓、王艳滨《情境关联论的理论和实践》,发表于《北京第二外国语学院学报》2022 年第 4 期。

[250] 黄缅、徐盛桓《基因算法:含义研究的新思路》,发表于《天津外国语大学学报》2022 年第 6 期。

[251] 徐盛桓《语言表达替代论》,发表于《外语教学》2023 年第 2 期。

[252] 王艳滨、徐盛桓《非字面义表达的情境关联研究:语用范式与语义实现》,发表于《外语教学理论与实践》2023 年第 2 期。

[253] 徐盛桓、华鸿燕《语言认知研究:从认知主义到后认知主义》,发表于《天津外国语大学学报》2023 年第 4 期。

[254] 徐盛桓《"相干性"与"整一性整合"——认知语言研究"认知+"的一次实践》,发表于《当代修辞学》2023 年第 5 期。

［255］廖巧云、徐盛桓《情境关联与谐音格的表达》,发表于《当代外语研究》2023年第5期。

［256］徐盛桓《"喻"思维的理论和应用》,发表于《天津外国语大学学报》2024年第1期。